MŒURS PARISIENNES.

LE
BONHOMME.

Les formalités prescrites ayant été remplies, je poursuivrai les contrefacteurs suivant toute la rigueur des lois.

Pillet

DE L'IMPRIMERIE DE PILLET.

LE BONHOMME,

OU

NOUVELLES OBSERVATIONS
SUR LES MŒURS PARISIENNES

AU COMMENCEMENT DU DIX-NEUVIÈME SIÈCLE.

PAR M. DE ROUGEMONT,
AUTEUR DU RÔDEUR FRANÇAIS.

ORNÉ DE DEUX GRAVURES ET DE VIGNETTES.

> Je me suis proposé, en considérant les mœurs,
> de démêler dans la conduite des hommes quels en
> sont les principes.
> DUCLOS, *Cons. sur les Mœurs.*

A PARIS,
CHEZ PILLET, IMPRIMEUR-LIBRAIRE,
ÉDITEUR DE LA COLL. DES MŒURS FRANÇAISES,
RUE CHRISTINE, N° 5.

1818.

LE BONHOMME.

N° Ier. — 1er *juillet* 1817.

PRÉFACE.

—

> Ceux qui vivent à cent lieues de la capitale, en sont à un siècle pour les façons de penser et d'agir.
>
> Duclos.

Il existe, dans un pays fort éloigné du nôtre, une coutume assez singulière. Lorsque des personnages étrangers l'un à l'autre entreprennent ensemble un long voyage, ils s'abordent en déclinant réciproquement leur nom, et ils se font ensuite la confidence de leur caractère ; cet aveu, plein de franchise et d'originalité, met chacun à son aise. Il établit entre des gens qui ne s'étaient jamais vus une sorte de confiance, de familiarité apparente qui intéresse toute la société voyageuse, et qui empêche l'ennui de s'asseoir au milieu d'elle.

On sent bien que je ne puis faire à mes lecteurs une pareille demande ; mais pourquoi moi-même n'irais-je pas au-devant des questions qu'ils pourraient m'adresser à cet égard ?

Nous allons parcourir ensemble la capitale du monde. Le trajet sera long, difficile, et peut-être qu'avant de se mettre en route mes compagnons de voyage ne seraient pas fâchés d'avoir quelques renseignemens sur leur *cicerone*. On aime à savoir où l'on va, et souvent à connaître celui qui nous mène.

Le nom que je tiens de mon père ne donnerait aucune idée de mes goûts. Le sobriquet que mes amis ont jugé à propos d'y ajouter peint à merveille mes habitudes et mon caractère ; partout où j'ai été reçu une ou deux fois, l'on m'a surnommé *le Bonhomme* ; mais comme les mots changent de valeur selon l'objet auquel on les applique, ce sobriquet, où d'autres verraient une malicieuse épigramme, ne se présente à l'imagination d'un vieillard de soixante ans que sous la forme agréable d'un éloge.

Mon âge annonce que j'ai passé sans retour

la saison orageuse des passions ; mais avant d'arriver à cet état de calme qui n'est le bonheur que pour la vieillesse, mon cœur a, chemin faisant, payé sa dette à toutes les folies humaines. A dix-huit ans, je fis d'un sentiment délicieux la plus douce occupation de ma vie ; à vingt-quatre, je rêvai de gloire ; à trente-six, je fus tourmenté par la soif des richesses ; à quarante-cinq, j'eus quelques attaques d'ambition ; elles furent assez sérieuses pour que mes amis craignissent de me perdre. Heureusement j'en guéris. La violence de la crise me sauva, et dans le mal même je trouvai le remède.

Les passions sont de mauvais hôtes ; cependant il faut les loger pour les connaître ; et l'on ne peut les apprécier avec justesse que lorsqu'elles sont sorties de chez vous pour n'y plus revenir.

Ma famille offre, pour ainsi dire, en abrégé le tableau des mœurs et des usages de la capitale. J'ai des parens dans tous les quartiers de Paris, et dans toutes les classes de la société. Les uns occupent un haut rang dans le monde, les autres y jouissent de la considération *per-*

sonnelle attachée à une grande fortune. Le plus petit nombre usent dans le travail des jours que leurs aînés consacrent au plaisir. Si l'on en croit les derniers, ils sont les plus malheureux de la famille. Qu'ils m'expliquent donc comment il se fait qu'ils en sont toujours les plus gais.

La distance des rangs, la différence des situations n'en a mis aucune dans l'amitié que je porte et dans les soins que je rends à tous mes parens. Je crois que je les vois et que je les aime non parce qu'ils sont riches ou puissans, mais parce qu'en général je les trouve honnêtes, estimables. Aussi je puis dire avec un orgueil qui ne siérait pas à tout le monde : la famille du *Bonhomme* se compose de *bonnes gens*.

Quant à moi, le hasard m'a fait cadeau d'une douzaine de mille livres de rente, dont j'ai la sagesse de me contenter. Je passe à les dépenser agréablement le tems que d'autres emploieraient à les augmenter sans plaisir. Je ne suis ni prodigue, ni avare. Mes goûts sont modestes, mes fantaisies sont rares, et je me procure facilement, avec mes revenus, tout ce qu'il est possible d'acheter. Sans ma paresse, il y a long-tems que j'aurais eu une belle place.

PRÉFACE.

Eloigné du besoin par ma fortune, des emplois par mon caractère, je n'ai d'occupations que celles que je me donne et qui me plaisent. Maître de ma personne, libre de mon tems, je perds l'un et je conduis l'autre partout où bon me semble. La même journée m'a vu assister, le matin à une ouverture de chasse chez le jeune comte de M***; à midi, à une séance de la cour d'assises, où figurait un pauvre millionnaire que d'avides créanciers poursuivaient impitoyablement pour une distraction bien pardonnable à un homme accablé d'affaires; et le soir à la représentation d'un vaudeville moral qui aurait été aux nues, si l'auteur eût dépensé en esprit la moitié de ce qu'il avait prodigué en sentiment. La frivolité de mes occupations et le goût que j'ai toujours conservé pour la littérature m'ont fait alternativement passer pour un homme de lettres chez les gens du monde, et pour un homme du monde chez les gens de lettres.

Cette double réputation éveilla mon amour-propre. Je rougis d'abord de l'avoir acquise à si peu de frais, ensuite je m'essayai secrètement à la mériter. Un seul genre de littérature me parut exiger la réunion des deux qualités qu'on m'avait gratuitement accordées.

En passant successivement de la modeste chambre de mon cousin le marchand au brillant salon de mon beau-frère le banquier, et de la petite maison de campagne de mon oncle l'employé du trésor, au château de mon neveu le lieutenant-général, j'avais dû voir et j'avais vu en effet une foule de scènes qui auraient pu fournir d'excellens matériaux pour commencer une histoire des mœurs de la capitale. Je me reprochai de n'avoir pas tenu note des folies de la famille, de n'avoir pas enregistré avec soin les anecdotes piquantes que l'on y colportait gaîment, et les observations malignes qui leur servaient de commentaires. Pour réparer le tems perdu, je multipliai mes visites, et j'eus le bonheur de recueillir en moins de six semaines la matière de quelques volumes que, par égard pour mes lecteurs, je ne veux publier qu'en détail.

Les mœurs de la grande ville ont, suivant l'expression moderne, un *cachet particulier :* on n'y retrouve point cette sévérité désespérante qui ailleurs se reproduit sous tant de formes.

PRÉFACE.

En province, le moindre événement devient un grand scandale; à Paris, le plus grand scandale n'est souvent qu'un petit événement, qui, après avoir, pendant quelques jours, occupé les oisifs et défrayé les journaux, va se perdre dans la foule des vieilles histoires dont on est convenu d'avance de contester plus tard l'authenticité. Nulle part on n'oublie aussi vîte qu'à Paris; l'auteur tombé la veille s'y retrouve dès le lendemain avec le critique qui l'a déchiré. L'avocat qui, dans l'intérêt de son client, a couvert d'opprobre son adversaire, lui tend la main au sortir de l'audience; les torts légers y sont effacés par une probité de quelques jours, de plus graves par une absence de quelques mois. Il est à Paris tel homme, mal famé dans son quartier, qui n'a dû sa réhabilitation qu'à un changement de domicile.

Je me rappelle à ce sujet qu'un riche négociant fut, il y a quelques années, traduit devant les tribunaux pour les inexactitudes de son bilan; l'avocat de la partie civile conclut à la punition de l'accusé; mais le jury, plus indulgent ou plus éclairé, déclara que la banqueroute était bien faite, et reconnut le banqueroutier pour un honnête homme. Un an après, je rencontrai *l'honnête homme par jugement* à la campagne du vieux baron N***. J'en témoignai ma surprise à la maîtresse de la maison, qui m'assura que M. S*** était un convive charmant. Le soir, je le retrouvai faisant sa partie avec la seule personne qu'il n'aurait jamais dû regarder en face.... Il est probable que, de son côté, l'avocat ne l'avait pas reconnu.

Riche de quelques notes prises sur le fait, de quelques observations qu'il n'y aurait peut-être pas de témérité à regarder comme nouvelles, de quelques souvenirs classés avec ordre dans ma mémoire, je viens proposer aux abonnés de la *Gazette* un nouveau voyage dans la capitale. Il y a encore beaucoup de sentiers qui n'ont pas été parcourus.

Je pourrais citer des monumens qui n'ont point été observés, des établissemens utiles sur lesquels on a gardé le silence; quelques originaux aussi ont échappé aux pinceaux spirituels de *l'Hermite*. Depuis sa mort, de nouveaux usages ont pris racine; de nouvelles mœurs se sont entées sur celles qu'il a décrites avec tant de grâce et de malignité..... Ce sont ces ori-

PRÉFACE. 9

ginaux, ces usages, ces mœurs que je vais entreprendre d'esquisser. Mon zèle et la vérité de mes tableaux suppléeront chez moi au talent dont mon prédécesseur était abondamment pourvu. Je ne me flatte point de le rivaliser... Mes lecteurs savent que si l'on était toujours obligé de *remplacer* celui auquel on *succède*, il y aurait bien des places vacantes..... même à l'Académie.

N° II. — 15 *juillet* 1817.

UN SALON

DE LA CHAUSSÉE-D'ANTIN.

>Nous naissons, nous vivons pour la société.
>BOILEAU, sat. 1.

LE rang et la fortune jouissent de tous leurs priviléges dans les sociétés de province ; ils établissent entre ceux qui les possèdent et ceux qui les envient une ligne de démarcation qu'il est souvent dangereux pour ces derniers de franchir. On y est soumis à un tarif de respects et d'égards minutieux dont l'orgueil a posé les bases. La moindre négligence à s'acquitter de cet impôt prend le caractère d'un tort irrémissible aux yeux de celui qu'elle offense, et la haine héréditaire qui, pendant un demi-siècle, trouble le repos de deux familles, n'a souvent d'autre origine qu'un léger outrage fait à la politesse. Dans quelques-uns de nos départemens, l'étiquette a conservé une partie de sa frivole importance. Chaque classe de la société a ses réunions particulières, dans lesquelles elle n'admet point de mélanges; et cet assortiment de personnes ne tourne qu'au bénéfice d'une sotte vanité.

Je reçus la semaine dernière une lettre de mon vieil ami le chevalier de Céran, qui m'annonçait le départ de son fils pour la capitale. « Ernest, me disait-il, n'a aucun des défauts de son âge, et ses progrès en tous genres me paient avec usure des soins que j'ai donnés à son éducation. On s'aperçoit que, jeune encore, il sent tout le prix d'être issu d'une famille de l'ancienne robe. Ce sentiment a heureusement influé sur le choix de ses affections; il n'a point, comme tant d'autres étourdis, jeté son amitié au cœur du premier venu. Mon fils, qui conserve même au sein du plaisir une dignité qui siérait à un homme du plus haut rang, a l'honneur d'être lié avec les enfans des plus illustres maisons de sa province ; protégé par le vicomte de S****, qui sollicite une place pour lui-même; par la marquise de T****, qui attend une pension de la cour, et par le baron C****, dont le frère aîné a, depuis trente ans, la promesse d'un ministère, Ernest, muni des recommandations les plus puissantes, est en route pour Paris, où il arrivera quelques jours après ma lettre. Veuillez donc, mon cher *****, continuait le chevalier, accorder au fils un peu de cette bonne amitié que vous aviez pour le père; je n'ose vous répéter tous les éloges que l'on prodigue ici à Ernest, vous les mettriez sur le compte de la tendresse paternelle, qui, cependant, je vous l'assure, ne m'aveuglera jamais sur les défauts que je pourrai découvrir dans mon fils. Quoique sa sagesse ne me permette pas d'avoir la moindre inquiétude sur sa conduite, soyez, je vous prie, son mentor dans la capitale; guidez-le dans ses démarches, dont le succès ne peut être douteux; présentez-le à quelques-uns de vos parens, dont les titres et faits glorieux lui sont connus, et sur-tout préservez-le du danger de se lier avec des personnes qu'il rougirait de voir dans sa province. »

Ernest se fit annoncer chez moi le surlendemain. Ce jeune homme était doué d'une physionomie agréable, mais sérieuse; il affectait, en parlant, une gravité qui contrastait plaisamment avec la petitesse de sa taille. A-la-fois occupé de sa toilette et de son esprit, il caressait sa cravate et cherchait ses pensées. Les mots arrivaient péniblement sur ses lèvres, d'où ils sortaient ensuite avec une orgueilleuse symétrie, et chacune de ses phrases laissait après elle sur sa figure les traces d'une expression maligne ou d'un sourire dédaigneux.

Arrivé de la veille, Ernest m'apprit qu'il était d'abord descendu à l'hôtel de Liège, où l'espèce d'indifférence avec laquelle on l'avait reçu, et le peu d'égards que l'on témoignait pour sa personne, lui avaient prouvé qu'il serait fort mal logé; aussi s'était-il décidé à changer de demeure. Son choix était tombé sur le bel hôtel de Galles. L'accueil poli du maître ne pouvait s'y comparer qu'à la soumission empressée des valets. Dès qu'Ernest eut inscrit son nom sur le registre des voyageurs, son oreille fut délicieusement frappée de ces mots : *Préparez l'appartement de M. le chevalier....* Chacun des ordres qu'il donnait était suivi d'une réponse à laquelle on ne manquait jamais d'ajouter ce titre en s'inclinant.... Il est vrai que le grand nombre des personnes qui logeaient dans l'hôtel rendaient le service extrêmement difficile ; que l'on était, pour ainsi dire, forcé d'attendre son tour ; mais les domestiques s'excusaient avec tant d'humilité ! ils n'avaient oublié M. le chevalier que pour M. le baron, M. le comte que pour M. le duc, une excellence que pour une altesse..... Le moyen d'y trouver à redire ?..... Les choses les plus pressées ne vous arrivaient qu'au bout d'une demi-heure ; on mangeait froid, on buvait chaud ; mais on était servi avec tant de respect, qu'en vérité l'on aurait eu mauvaise grâce de se fâcher.

Ernest me confia ses projets ; ils étaient vastes. Grâce à la bonne opinion qu'on l'avait aidé à prendre de lui-même, il ne mettait pas de bornes à ses espérances. Il suffisait de lui citer un beau nom, pour lui inspirer le désir d'imiter celui qui l'avait illustré; et dans les deux heures d'entretien que nous eûmes ensemble, je le vis tour-à-tour décidé à ressusciter indifféremment ou Colbert, ou Turenne, ou Racine, ou Montesquieu, ou tel autre grand homme dont la gloire avait payé les travaux.

Suivant les intentions de son père, j'engageai Ernest à m'accompagner chez un de mes parens. Je vis l'instant où il allait me demander son nom : je lui évitai cette question, qui, de la part de tout autre, n'eut été que déplacée, et je me hâtai de lui apprendre que je passais la soirée chez mon neveu, le comte de P***, lieutenant-général ; Ernest n'eut garde de me refuser.

Lorsque nous arrivâmes à l'hôtel du comte, rue du Mont-Blanc, une grande partie de la société était déjà réunie au salon ; la maîtresse de la maison était assise auprès de la cheminée : je lui présentai Ernest. Notre jeune provincial, qui se croyait obligé de donner, dès l'abord, des preuves d'esprit et de savoir-vivre, alla chercher fort loin des complimens que ma nièce eut l'air de comprendre, et dont elle le remercia par un de ces demi-sourires qui ont l'avantage d'être interprétés de toutes les manières ; ensuite elle se tourna vers moi, et me gronda légèrement d'être venu un peu plus tard qu'à l'ordinaire. En chemin, je m'étais aperçu que ma montre n'allait plus, cela me servit d'excuse. Remonter sa montre est une des choses qu'un vieillard oublie le plus volontiers : il lui semble, lorsqu'elle s'arrête, que le tems *marque le pas*, et à soixante ans l'on a trop d'intérêt à ce qu'il oublie de marcher pour être tenté de le remettre sur la route.

Après avoir passsé en revue quelques-uns des principaux événemens du jour, après avoir cassé les arrêts des journalistes sur la nouveauté de la veille, porté aux nues une brochure anonyme dont l'auteur était présent, fait ou défait une douzaine de réputations qui restèrent encore à faire ou à défaire le lendemain, l'on arrangea les parties. Je résistai aux prières de ma nièce, qui voulait me clouer à une table de wisk. Il n'en fut pas de même du jeune sous-préfet de M***, qui s'offrit gaîment de me remplacer, et reçut comme une faveur la fiche que l'on m'avait d'abord présentée. Il est vrai que M. de Sainte-Croix et sa fille venaient d'en prendre une au même panier.

Tandis que tout le monde était occupé, je m'amusai à parcourir les salons et à observer ce qui s'y passait. Comme toutes les sociétés nombreuses, celle de la comtesse offrait un mélange bizarre de rangs, de fortunes, de qualités..... Là, dans l'embrasure d'une fenêtre, un étudiant en droit causait de législation avec un conseiller-d'état, qui souvent déférait aux opinions du jeune légiste; plus loin, un homme de lettres donnait d'utiles conseils à un commis des finances. J'aperçus à la même table de jeu le charlatan P***, qui la veille avait sauvé la vie au baron de H*** ; le célèbre avocat B***, qui le matin avait laissé condamner son client; la vieille marquise C***, dont la réputation n'a jamais supporté la plus légère atteinte; et la jeune madame M***, qui ne veut pas laisser de repos à la médisance.

J'avais laissé Ernest libre. Je le revis plusieurs fois dans la soirée ; je remarquai qu'il s'était constamment attaché aux gens d'un extérieur brillant. Tout homme qui affichait quelque importance devenait l'objet de ses attentions. Quelquefois il s'étonnait du peu de fruit de ses prévenances ; il ne concevait pas comment il se faisait que le chevalier de Céran, si distingué en province, ne fût pas même connu de nom à Paris. Une chose le surprit plus encore. Lorsqu'on eut cessé de jouer, on fit de la musique. Pendant un duo d'*Armide*, chanté par le jeune Lev** et madame San***, la porte s'ouvrit, et Ernest reconnut le préfet de son département, qui entra sur la pointe du pied en saluant très-profondément la société, dont la majeure partie n'avait pas tourné les yeux vers lui. Ce peu d'attention le choqua ; mais la modestie du préfet, qui alla s'asseoir dans un des coins du salon, lui parut encore plus étrange ; il ne put y tenir, et confia son étonnement à son voisin, qui l'assura que les préfets bien élevés ne se comportaient pas autrement à Paris.

Je me rapprochai d'Ernest, et je l'interrogeai sur ce qu'il pensait de la société de la comtesse. Il était dans l'enchantement. Le peu d'attention qu'on avait fait au dernier venu l'avait confirmé dans l'idée qu'il s'était formée depuis quelques instans, que la réunion n'était composée que de personnages du plus haut rang. Son erreur avait encore une autre source. Dans le courant de la soirée, ayant fait part de ses projets à deux ou trois personnes, il en avait reçu des offres de service ; d'où il concluait naturellement qu'il faut avoir beaucoup de crédit pour en offrir ainsi une portion à une personne que l'on ne connaît pas.

« Ce jeune homme, me dit-il, en me montrant un commis de la guerre, m'a promis sa protection dans les bureaux du ministère. — Je le crois, il y est employé. — Employé ! — Sans doute, et son exactitude lui a valu cette année une gratification de cent écus. — Comment ! ce n'est qu'un simple employé ? — C'est le fils d'un commerçant estimable. — Et madame la comtesse le reçoit? — Avec d'autant plus de plaisir qu'il sait allier à une conduite régulière des talens agréables et une grande modestie. — Et ce monsieur en habit bleu, qui parle si familièrement à notre préfet ; je suis bien sûr que celui-là n'est pas un commis, et que l'appui qu'il m'a offert à l'intérieur.... — Se réduit à peu de chose. Cependant il peut presser la remise de votre demande. » Ces expressions lui causèrent un mécontentement dont il eut peine à revenir. « Il n'y a ici, me dit-il, que deux hommes dont l'extérieur trop simple m'ait paru déplacé. Si ceux que j'ai pris pour quelque chose ne sont rien, que sera-ce donc de ceux-ci ? Il me montrait deux vieillards assis auprès de la maîtresse de la maison. — L'un est un pair de France, l'autre un conseiller d'état. — Vous plaisantez? — A Paris, les hommes dédaignent l'apparence; ils n'ont de valeur que par eux seuls. Aussi cette égalité d'un instant ne peut avoir de résultats fâcheux. Les mêmes hommes qui se trouvent ici presque de pair avec ceux qui les gouvernent reprendront demain leur obéissance accoutumée. Ce sont des acteurs qui ont un moment oublié leurs rôles dans les coulisses, et qui, au lever de la toile, reparaîtront sur la scène du monde dans les emplois qu'un mérite respectif leur a assignés. »

Ernest ne revenait pas de sa méprise; cependant, lorsqu'à la fin de la soirée je le questionnai, il m'avoua que cette réunion n'était pas sans agrément, et il convint avec moi que si l'orgueil perdait quelque chose à ce mélange, le plaisir en revanche y gagnait beaucoup.

N° III. — 4 août 1817.

LA POSTE AUX LETTRES.

> Sous le poids de l'horrible masse
> Déjà les pavés sont broyés;
> Les fouets hâtifs sont déployés,
> Qui, de cent diverses manières,
> Donnent à l'air les étrivières.
> ROUSSEAU.

« ANDRÉ ! — Monsieur ? — Va porter ce paquet à la petite poste. — Oui, Monsieur. » André sort, et je finis de m'habiller. Ce paquet, dont je pressais le départ, contenait une douzaine de couplets qui m'étaient demandés par un directeur des contributions indirectes de la petite ville de X****, lequel avait eu des raisons particulières pour ne pas les faire faire dans l'endroit. En partant avec le prochain courrier, la poésie lyrique, bien et dûment conditionnée, devait arriver à son adresse la veille de la Saint-

Pierre, patron d'un grand personnage dont on était convenu de chanter les vertus le jour de sa fête.... André revint au bout d'un quart d'heure; sa promptitude m'annonçait une contrariété. Ce garçon-là ne perd son tems que lorsqu'il m'apporte une bonne nouvelle; il sait qu'alors la joie qui résulte de son message fait ordinairement oublier le peu de vîtesse qu'il a mis à le remplir. « Monsieur, me dit André, l'heure est passée; et si vous voulez absolument que ce paquet parte aujourd'hui.... — Comment, si je le veux! sans doute. — Il faut l'envoyer sur-le-champ à la grande poste. » Je me disposais à le lui remettre, lorsque la crainte d'être dupe de sa négligence m'inspira la pensée de faire moi-même ma commission. Je renvoie André; je prends mon chapeau, ma canne, et je me mets en route pour la rue Jean-Jacques Rousseau.

Pendant le trajet, je réfléchissais aux grands services que rend cet établissement, qui, suivant l'expression de Voltaire, est *le lien de toutes les affaires, de toutes les négociations*. Je m'étonnais que les Grecs et les Romains n'eussent pas connu la poste aux lettres. Ce n'est pas la seule invention utile qu'ils aient ignorée ; ils n'ont pas connu davantage l'imprimerie et la poudre à canon.

La poste fut établie en France sous le règne de Louis XI, dont elle accrut prodigieusement les revenus. C'est une mine d'or que les gouvernemens exploiteront toujours avec bénéfice. Toutes les passions sont en quelque sorte tributaires de la poste ; c'est par ses soins que l'orgueil nous entretient de ses projets, l'amitié de ses craintes, l'ambition de ses espérances. C'est à la poste que le timide solliciteur va déposer l'éloquente pétition, où son humilité gasconne fait une longue énumération de ses petits services, et proclame modestement ses titres incontestables aux plus hautes récompenses.

C'est par la poste que nous arrivent ces *missives* délicates d'amis inconnus, qui exigent de notre complaisance un service pressé, pour avoir, disent-ils, le plaisir de prendre leur revanche un peu plus tard. Le congé qu'on n'ose donner en face, le conseil qui demande des ménagemens, la déclaration qui laisse des doutes à l'espoir, les invitations de fête, les avis de faillite, lettres d'amour, billets d'enterremens, tout passe par la poste pour se rendre à sa destination.

Lorsque j'arrivai dans la rue Plâtrière, qui a pris le nom de l'auteur d'*Emile* depuis qu'il a cessé de l'habiter, je me trouvai au milieu d'une foule de piétons qui se dirigeaient vers l'hôtel des Postes, dont l'horloge allait sonner deux heures. Chacun d'eux jetait sa lettre dans la boîte avec une précipitation qui dénotait son contentement, et s'en retournait ensuite un peu plus lentement qu'il n'était venu. Au lieu d'en faire autant, je m'amusai à considérer la quantité prodigieuse des gens de tout pays, de tout âge, qui passaient devant mes yeux. Je pris plaisir à consulter leurs physionomies, je cherchai à lire leur lettre sur leurs figures. Je n'oserais me flatter d'y avoir réussi; cependant je pourrais affirmer, sans crainte de me tromper, que la jeune fille dont le chapeau de paille blanc cachait une partie des traits de sa figure, et qui portait fréquemment à ses lèvres le mouchoir brodé qu'elle tenait de la main gauche, n'avait pas montré à ses parens le petit billet que sa main droite a glissé en passant dans la boîte aux lettres.

Depuis quelques momens je remarquais un homme dont la figure ne m'était pas inconnue, et que plus tard je me ressouvins d'avoir vu dans l'antichambre de plusieurs ministères. Il se promenait de long en large devant l'hôtel ; de tems en tems il s'avançait vers la boîte, élevait sa main gauche, dans laquelle je n'apercevais rien, et la baissait aussitôt en souriant à l'approche de quelques personnes de sa connaissance, surprises et mécontentes de le rencontrer. A force de répéter ce manége, l'heure s'était passée, la foule avait disparu; notre homme jeta un regard autour de lui, et, certain de n'être pas vu, il tira de dessous son habit un énorme paquet de lettres qu'il s'apprêtait à lancer dans la boîte, lorsque le factionnaire l'en empêcha. Je ne sais si la conduite de cet homme lui avait inspiré des soupçons, s'il avait cru entrevoir dans les précautions dont il s'était entouré, la preuve d'une action répréhensible, ou s'il lui était venu comme à moi la pensée que la correspondance mystérieuse de ce personnage devait être pleine de ces renseignemens adroits que recueillent les gens sans place qui veulent en avoir une; mais il le regarda avec une expression de mépris qui n'entrait pas dans les devoirs de sa consigne, et il lui dit, en le repoussant légèrement de la main : *Il est trop tard.* Ce n'est pas sur ce ton qu'il répéta ces paroles à un jeune ouvrier qui accourait en nage, et qui, sur l'observation de ce même factionnaire, murmura, en tournant sa lettre entre ses doigts : *Ma pauvre mère!* Ces mots furent entendus d'un des commissionnaires attachés au service de la poste; il s'approcha du jeune homme, lui demanda sa lettre, et fut la recommander à un employé qui prenait l'air du bureau dans la grande cour, où l'on déchargeait la malle d'un courrier qui venait d'entrer.

Je ne sais de quelle route arrivait ce courrier; mais sa malle contenait de singulières dépêches. Avant d'en venir aux lettres, il fallut débarrasser la voiture d'une terrine de Nérac, à l'adresse d'un chef de bureau, qui lui-même en avait disposé en faveur d'un juge de la cour d'appel, où il venait d'évoquer une affaire; d'un baril d'huile de Provence, destiné à la femme d'un administrateur; d'une cloyère d'huîtres vertes de Marennes, promise par un acteur ambulant à un journaliste sédentaire; enfin, après avoir encore extrait de la malle deux jambons de Baïonne, un fromage de Roquefort, et dix livres de truffes de Ruffec, dont le conducteur seul connaissait la destination, on sortit la correspondance. Elle fut sur-le-champ portée au bureau d'arrivée : deux heures après, chaque lettre était parvenue à son adresse.

Ne pouvant assister au dépouillement secret des dépêches, je m'approchai d'un grand homme qui paraissait jouir d'une certaine considération parmi les postillons. Son costume, qui n'annonçait aucune fonction administrative, consistait en un habit bleu, dont l'extrêmité se balançait sur ses chevilles, une culotte de nankin et des bas de coton chinés; de larges boucles d'argent brillaient sur ses souliers. Il m'apprit qu'il avait l'inspection des courriers et que depuis la pointe du jour il était sur pied pour veiller à leur retour, qui ordinairement a lieu avant huit heures; ce digne homme me peignit le mouvement universel de son administration; l'entrée successive des employés, dont l'exactitude se trouve quelquefois en raison inverse des appointemens; l'arrivée des journaux qui servent la province par la poste, et dont quelques-uns portent leur courrier sous le bras. Il eut la bonté de m'indiquer les divers bureaux de départ, d'affranchissement, et jusqu'à celui où l'administration fait cacheter les lettres des particuliers qui lui ont laissé ce soin-là.

En parcourant les endroits que m'avait désignés l'honnête inspecteur, j'entrevis la jolie madame Césarine L***, qui, vêtue d'une redingote de perkale, coiffée d'une capote blanche surmontée d'un fichu en marmotte, et enveloppée dans un cachemire amarante, ouvrait avec précaution une petite porte jaune au-dessus de laquelle on lisait : *Poste restante*. Son premier soin en entrant fut de jeter un coup-d'œil sur toutes les personnes qui attendaient dans le bureau. Au bout de quelques minutes, elle témoigna son impatience par un petit mouvement de pied. L'employé auquel elle devait s'adresser ne voulut pas avoir le tort de fâcher une jolie femme, il la pria de s'approcher ; elle se pencha à son oreille, et lui dit deux mots que personne n'entendit... Le commis parcourut les lettres d'Evreux, où se trouve en ce moment la légion de la Vendée ; mais on ne trouva sur aucune l'adresse de madame L***. Sa surprise et son mécontentement firent place à un sentiment plus pénible. Madame Césarine L*** salua avec grâce l'employé, qui offrit de la faire prévenir dans le cas où la lettre si vivement attendue arriverait. Elle sortit en soupirant, et j'aperçus une larme rouler sur sa paupière.

Tandis que l'amour oublié arrachait quelques pleurs à la jeunesse et à la beauté, une vieille femme, dont le costume semblait appartenir à cette classe d'honnêtes artisans qui n'est pas toujours brouillée avec la fortune, brise le cachet d'une lettre qu'on vient de lui remettre. Sa physionomie s'anime à chaque ligne, ses yeux s'arrêtent avec complaisance sur chaque expression, elle sanglotte de plaisir!.... Oh! dit-elle avec un accent où brille toute la force de l'amour maternel, j'étions bien sûre que mon Charles ne nous oublierait pas!... Une mère!... C'est la seule femme qu'un homme ne puisse jamais oublier!... » Et sur-le-champ, tirant d'un petit sac de peau quatre vieux écus tout étonnés de voir le jour, elle demande l'adresse du bureau où elle peut les déposer pour les envoyer à son Charles!....

La cour se remplit : les courriers qui doivent partir sont prêts; les postillons en veste bleue galonnée, le chapeau ciré, le pantalon de peau, la botte forte, la plaque au bras, conduisent les malles vides; ils les placent au-dessous des cheminées par lesquelles on laisse couler les paquets destinés à porter aux extrémités du royaume l'espérance et la crainte, la douleur et la joie, la vie et la mort. De combien de mensonges ces pauvres courriers vont être chargés ! que de faussetés dans ces lettres ! que de sentimens feints ! Ici des promesses d'amitié plus légères que la feuille qui les porte ; là des sermens d'amour trahis avant d'être reçus. Ce grand seigneur, qui offre sa bienveillance par l'entremise de son secrétaire, ne sait pas souvent ce qu'il a promis ; ce banquier qui presse ses rentrées est à la veille de manquer ; ce mari qui épuise sa tendresse en expressions hyperboliques, et témoigne à sa femme le désir de la revoir sous quinze jours, vient de louer pour six mois un petit appartement complet aux environs de la rue Saint-Honoré... Je ne parlerai pas d'une autre espèce de lettres, arme de la sottise et de la lâcheté, qui a passé dans la main de bien des gens, et qui, malgré le mépris qu'elle inspire, laisse toujours après elle une trace, quand bien même elle ne fait pas de blessure.

Quatre heures sonnent : les malles remplies sont fermées, les courriers s'asseoient, les postillons montent à cheval, le fouet résonne, le pavé s'ébranle... Ils partent. Le commis, que l'heure surprend au milieu de l'expédition d'un bordereau, laisse tomber sa plume, et remet au lendemain la fin de son ouvrage commencé ; il franchit gaîment le seuil de la porte, où depuis une heure ont passé les chefs et les demi-chefs de son administration, et va rejoindre sa femme, qu'il est toujours sûr de trouver chez lui à la sortie de son bureau.

A l'agitation bruyante de la matinée succède un silence profond : c'est l'image de la vie. Mais la journée du lendemain ramènera cette bruyante agitation, et rien ne peut rendre au vieillard l'activité de la jeunesse.... Tout en faisant cette réflexion, je portai machinalement la main à ma poche, et je m'aperçus que le plaisir d'examiner ce qui se passait autour de moi m'avait fait oublier l'objet pour lequel j'étais venu.

Ce pauvre directeur des contributions de X... Je n'ai plus pensé à sa lettre, à ses couplets !... C'est peut-être un service qu'il me devra. Je me gardai bien en rentrant de parler de mon étourderie à André ; il m'aurait peut-être répété ce qu'il me dit souvent, lorsque je le gronde de la longueur du tems qu'il emploie à faire une commission : « Monsieur, je ne m'amuse du moins que lorsque ma besogne est faite. » J'avoue que je n'aurais rien eu à lui répliquer.

N° IV. — 11 *août* 1817.

LA JOURNÉE D'UN MENDIANT.

Plus on est élevé, plus on a de soucis.
Gilbert, *Sémiramis*.

Paris ne ressemble à aucune ville du monde; on ne saurait se faire une idée de la facilité avec laquelle le moins intelligent s'y crée des ressources, ainsi que du grand nombre et de la variété des moyens qu'on peut y employer avec succès pour échapper à la misère. A Paris, la plus petite industrie devient un état; le moindre commerce conduit à la fortune, et la fortune conduit à tout.

Je dînais jeudi dernier chez un riche négociant, qui, tous les ans à pareille époque, fête l'anniversaire de son arrivée à Paris. Il est né au bourg d'Archigny, à quelques lieues de Poitiers. Orphelin dès l'âge de onze ans, il quitta son village pour aller chercher fortune ailleurs. Cinq gros écus de six francs composaient alors tout son patrimoine ; le premier avait entièrement disparu avant même que son propriétaire eût franchi les barrières de la capitale. D'abord commissionnaire au coin de la petite rue Saint-Louis, il sut, par une complaisance inépuisable, s'attirer les bonnes grâces de tout le quartier ; c'était lui qu'on employait de préférence. Une jolie femme de chambre qui avait eu l'occasion de se louer plusieurs fois de la discrétion de notre petit Poitevin, le recommanda à son maître ; celui-ci, qui avait quelques égards pour une fille dont les services lui étaient infiniment agréables, s'intéressa à notre commissionnaire, et lui fit fournir, par un de ses amis, une légère pacotille de marchandises d'un débit facile et d'un bénéfice assuré. Joseph, c'est le nom sous lequel notre petit négociant ambulant s'était fait connaître, réussit à merveille dans sa nouvelle profession. Son intelligence se développait à mesure qu'il avançait en âge. Son gain, d'abord fort modeste, ensuite un peu plus considérable, finit par lui permettre, au bout de quelque tems, d'élever

une petite boutique aux environs du Pont-Neuf.
Le bonheur donne de l'assurance. Joseph hasarda quelques spéculations ; elles réussirent.
Quinze ans de travail et de probité lui valurent
une fortune solide, et une réputation sans tache. Il demanda à son bienfaiteur la main d'une
de ses pauvres parentes, qui fut profondément
touchée d'un procédé si noble ; d'aimables enfans vinrent encore ajouter à sa félicité, dont
aucun souvenir fâcheux ne troublait la source.
La jolie femme de chambre, devenue vieille,
était sortie de chez son maître. Joseph se rappela que c'était à elle qu'il devait son premier
changement d'état, et s'empressa de la recueillir
chez lui. Comme il n'avait à rougir d'aucune
action de sa vie, il mettait à parler de son ancienne pauvreté le soin que d'autres apportent
à cacher l'origine de leur fortune. Tous les ans,
ainsi que je l'ai déjà dit, il réunissait quelques amis, au nombre desquels se trouvaient
l'honnête marchand qui lui avait fourni sa première pacotille, et le digne homme qui la lui
avait procurée. Joseph s'était fait faire pour ce
jour-là un costume semblable à celui qu'il portait lors de son arrivée à Paris. C'est en veste

de ratine, couleur de suie, en sabots, en bonnet de laine bleue que M. Joseph ****** faisait les honneurs de sa maison. Cette coutume, qu'il avait religieusement observée depuis son mariage, avait sur-tout pour but d'apprendre à ses enfans que dans toutes les circonstances de la vie on ne doit jamais s'oublier, et de leur rappeler que de tous les moyens de parvenir, le travail est souvent le plus sûr, toujours le plus honorable; mais au sein de la prospérité, au milieu d'un luxe éblouissant que justifiait l'immensité de sa fortune, M. Joseph ****** n'avait pu se défaire de quelques habitudes de son enfance, qui contrastaient avec son état présent, et son langage se ressentait encore de sa première éducation, ou, pour mieux dire, de son manque d'éducation. Il n'est donné qu'aux femmes de se mettre sur-le-champ au niveau de leur situation. Dans quelque obscurité que le Ciel les ait fait naître, et à quelque élévation que le sort les destine, jamais elles ne sont au-dessous du bonheur qui leur arrive; elles naissent avec l'instinct secret de toutes les convenances, et cet instinct n'attend qu'une occasion pour se montrer au grand jour.

Je réfléchissais au plaisir que m'avait procuré la soirée que je venais de passer, et que M. Joseph ****** avait gaîment terminée en nous chantant en patois une ronde de son pays, lorsqu'en traversant la rue de la Paix je me sentis arrêté au coin du boulevart par un *Monsieur* qui, avec toute la politesse imaginable, me tendit son chapeau, et me demanda l'aumône en s'informant de ma santé. La nouveauté du procédé me surprit. Je jetai un coup-d'œil sur l'*honnête mendiant* auquel mon inspection arracha un sourire. Il était vêtu d'une redingote verte, d'un pantalon de nankin, d'un gilet de piqué rayé bleu et blanc; une grosse cravate de mousseline à carreaux soutenait son double menton fraîchement rasé; ses souliers étaient attachés par des agraffes d'argent; ses cheveux étaient poudrés, et il tenait à la main un jonc qui me rappela la canne à pomme d'or des *valets - maîtres*. Je crus d'abord que j'étais dupe d'une mauvaise plaisanterie, et je me disposais à me fâcher, lorsque mon *solliciteur* avança de nouveau son chapeau de castor, en me priant de ne pas mettre un terme au bonheur de sa journée.

Le son de sa voix, le choix affecté de ses expressions, les recherches et la propreté de ses habits, m'inspirèrent un sentiment de curiosité ; je mis lentement la main à ma poche dans l'intention d'exciter sa confiance ; je jouai avec quelques pièces de monnaie, en lui demandant comment il avait pu se résoudre à exercer une profession qui s'accordait si mal avec son langage et son costume. Charmé du son de quelques écus, que dans sa pensée il s'appropriait en partie, notre mendiant se recueillit un moment, et m'avoua qu'il n'avait fait que suivre son goût et sa raison... « Quoi ! lui répliquai-je, à votre âge (il paraissait avoir tout au plus cinquante ans.), lorsque tant de routes peuvent vous conduire à une vie heureuse et paisible ? — Je les ai toutes parcourues, me répondit-il, et jamais je n'ai goûté un bonheur, une tranquillité pareils à ceux dont je jouis depuis quelques mois. J'ai essayé de tous les états, aucun ne m'a convenu. Chassé d'un emploi par l'intrigue, je rentrais dans un autre par la protection ; j'en sortais par le caprice. J'ai perdu ma fortune dans le commerce, ma santé à l'armée. Quand j'étais riche, faisant envie, un peu plus tard faisant pitié; obligé de me plier aux volontés d'un grand, redoutant la perfidie des petits, tourmenté par le désir d'ajouter à ce que je possédais, ou par la crainte de perdre ce que j'avais acquis, forcé à des égards envers ceux que je haissais, employant des ruses honteuses pour parvenir, des moyens douteux pour rester, continuellement occupé du soin de l'avenir, j'ai passé la plus grande partie de ma vie dans une agitation perpétuelle, dans un mélange d'espoir et d'incertitude, de bonheur sans lendemain, et de regrets dont rarement j'entrevoyais le terme. Un beau jour, bravant les préjugés, qui n'ont de forces que celles qu'on leur prête, me moquant de la honte, qui ne doit pas plus s'attacher au mendiant à pied qu'au mendiant en équipage, j'ai fait ce que font la plupart des hommes; j'ai mis à profit l'amour-propre et l'orgueil de mes semblables; j'ai levé une contribution forcée sur toutes les passions humaines. Libre des devoirs qu'impose la société, des obligations qu'elle commande, sans attachement, sans famille, seul au milieu de tous, je me suis créé une ressource qui ne m'a point privé de mon indépendance ; exempt des peines, des tracas qui suivent la fortune et les honneurs, je vis sans soucis fâcheux, sans inquiétude du lendemain. — Mais ne peut-il pas arriver que la charité ?... — Je n'ai jamais compté sur elle. Mes calculs sont plus certains : il y a plus à gagner avec les vices des hommes qu'avec leurs vertus. Vous allez en juger par le récit d'une mes journées.

» Je me lève rarement de bonne heure : cependant, lorsque cela m'arrive, je vais tenter la fortune sur les boulevarts. Vous sentez bien que je ne m'adresse point à ces bons artisans dont il me serait facile d'exciter la pitié, mais dont mon costume narguerait la bienfaisance : cependant quelquefois, emporté par l'habitude, il m'est arrivé d'aller au-devant d'un ouvrier qui prenait en chantant le chemin de l'atelier. Presque toujours je m'apercevais au même instant de ma maladresse, et plus d'une fois j'ai fait l'aumône à celui à qui j'allais la demander.

» Jusqu'à neuf heures, je jette mes filets sur ces jeunes femmes, qui, seules et en négligé du matin, marchent avec une telle précipitation, qu'on pourrait soupçonner qu'elles courent après le plaisir. Concentrées dans une seule pensée, elles ne regardent ni à gauche, ni à droite ; je me glisse doucement auprès d'elles ; ma voix, plus douce, frappe leur oreille d'une prière timide à laquelle j'ai soin d'ajouter avec un peu plus d'onction ces mots qui manquent rarement leur effet : *Cela vous portera bonheur.* Aussitôt, et sans s'arrêter, on détache la petite bourse de soie verte : on en tire une petite pièce de monnaie qu'on me remet en me remerciant avec un sourire imperceptible d'une phrase qu'on a la bonté de regarder comme une prophétie.

» Je reviens sur mes pas, riant entre mes dents du commis ridicule et du chef important qui se rendent au bureau ; j'aperçois l'auteur qui cherche une rime ou un couplet, l'acteur qui répète son rôle à demi-voix, et sans gestes pour la commodité des passans. Rarement j'interromps ces bonnes gens. Pourtant, la semaine dernière, je me hasardai d'implorer l'assistance d'un acteur de mélodrame, auquel je m'avisai de prêter pour le moment le nom de notre célèbre tragédien : sa figure s'anima ; il me fit répéter ma demande, et me paya de ma méprise en homme qui en était plus flatté que surpris.

» Je rencontre, chemin faisant, l'avocat qui

va plaider à froid la cause d'un client dont lui-même a condamné les prétentions; l'huissier qui se presse d'arriver au logement d'un jeune homme à la mode, contre lequel il a obtenu depuis six mois une prise de corps, de laquelle, au moyen de sacrifices répétés, il retarde l'exécution. Je n'ai jamais osé solliciter la pitié de ce dernier; il faudrait, pour le faire avec succès, attaquer son endroit faible, et je crains toujours de me tromper.

» Vers dix heures, on me trouve auprès de Tortoni, ou du café Anglais ; j'y continue mes observations morales, et j'aperçois qu'il ne faut pas crier misère à l'homme qui sort de table. Là, je ne suis jamais servi qu'après le garçon, dont les yeux me disputent les restes d'un appoint qu'il vient de rendre, et qu'on m'abandonne avec un dédain qui me dispense d'une reconnaissance inutile.

» Le jardin des Tuileries a ordinairement ma visite; c'est un lieu de récolte pour moi dans les beaux jours. Si vous saviez ce que m'y valent ces mots : *M. le chevalier.... M. le baron.... M. le comte....* adressée à des gens sans titres ; ou *mon colonel, mon général*, adressés à des officiers qui n'ont qu'une épaulette. Avec ces mots-là je double ma recette en un quart d'heure. Rencontré-je à la sortie de l'office divin une de ces bonnes dames qui n'ont pas assez de mémoire pour se rappeler le sermon qu'elles viennent d'entendre ; je les accoste, et après un refus exprimé souvent avec aigreur, je réitère ma demande en prononçant à haute voix le nom de celle qui m'y force ; ce nom produit un effet magique, et l'aumône double en raison de l'importance qu'elle attache à l'opinion de ceux qui l'entourent. Beaucoup de personnes ne jouent la charité que lorsqu'il se trouve des spectateurs pour les applaudir.

» Avant de finir la matinée, je m'arrête à la porte de quelques maisons de jeu. J'y salue avec un respect mêlé de compassion le malheureux qui descend à pas comptés, et sur la figure duquel on lit l'état désastreux de ses finances. J'accoste, presque en riant, le joueur que le sort favorise ; dans le bonheur on ne compte pas. Les aumônes d'un joueur heureux vont presque toujours au-delà de nos espérances ; par malheur, ce ne sont quelquefois que des prêts qu'ils nous font. Plusieurs m'ont demandé le soir le petit écu qu'ils m'avaient donné le matin ; et, dans l'espoir d'un retour de fortune, je n'ai pas osé le refuser.

» Je dîne dans le quartier où l'heure me surprend ; mais j'ai l'attention de me faire servir à part, depuis qu'il m'arriva un jour de dîner à la table d'une de mes pratiques, que ce petit accident m'a fait perdre.

» Le soir, je parcours ordinairement le Palais-Royal, le boulevart de Coblentz, une partie des Champs-Elysées ; j'ai en réserve une foule de malheurs dont je me gratifie suivant le rang ou l'opinion présumée de la personne à laquelle je m'adresse. Je me ruine à mon choix, tantôt par un incendie, tantôt par la révolution, tantôt par l'ingratitude de ma famille, ou par la friponnerie d'un ami. J'examine avec soin mes confidens, afin de ne pas me tromper d'histoire, s'ils avaient la patience de m'écouter une seconde fois. Mon éloquence a presque toujours des suites heureuses ; car, en m'adressant à la pitié, je n'oublie jamais l'amour-propre. — Cependant vous pouvez faillir quelquefois, et vous me permettrez de croire qu'en ce moment où vous me livrez le secret de votre existence.... — J'ai pris le seul parti qui me convînt avec vous; ma confession est une nouvelle preuve de mon adresse. J'ai entendu plusieurs fois prononcer votre nom; je sais que l'une de vos principales occupations est de recueillir des observations sur les mœurs de la capitale, et j'ai pensé que vous me sauriez gré de vous avoir fourni quelques matériaux pour un de vos chapitres. »

Je n'avais rien à répliquer : et je pris congé de mon interlocuteur, qui me suivit en m'accablant de remercîmens.

N° V. — 25 août 1817.

UN CURÉ DE CAMPAGNE.

> Je ne connais point d'hommes qui fassent plus d'honneur à l'humanité que les curés de Paris.
> Le docteur BURDETT.

« J'EN conviens avec vous, mon cher ami ; le médecin qui consacre ses jours à prolonger ceux de ses semblables, le guerrier qui meurt en défendant son pays ; l'avocat dont l'éloquence éclaire la justice, l'écrivain dont le génie honore sa nation, ont des droits sacrés à notre estime ; mais sans prétendre assigner des bornes à ce sentiment, il est naturel d'ajouter que chacun d'eux est mû par l'espoir d'une récompense humaine. L'intérêt, l'ambition, la gloire, sont le mobile et le but de toutes leurs actions ; privez le médecin et l'avocat du noble salaire

dû à leurs soins, à leurs travaux ; n'offrez à l'écrivain, au soldat, qu'un laurier stérile ; que pour eux la renommée soit sans voix, l'avenir sans reconnaissance, et peut-être éteindrez-vous dans leur cœur ce zèle ardent qui les porte à vous servir, ce courage indompté qui leur fait triompher de la mort dans l'attente de l'immortalité. — Ainsi, vous ne pensez pas qu'on puisse être capable de faire une bonne action pour le seul plaisir de la faire ? — Non ; celui-ci oblige par vanité, celui-là par intérêt. Le médecin multiplie ses visites pour rendre la santé à un grand seigneur légèrement indisposé, et il oublie l'artisan à l'agonie. L'avocat mesure l'étendue de son mémoire et la force de son éloquence, sur les promesses et la fortune de son client ; il plaide pour l'un ; il défend l'autre. Un soldat sauve la vie à son colonel ; le lendemain il lui demande de l'avancement. Un financier prête à un homme puissant, qui ne les lui rendra pas, mais qui publiera partout son obligeance, les mille louis qu'il refuse à un de ses parens, qui les lui aurait rendus sans rien dire. Dans ce siècle, on place une bonne action au plus haut intérêt possible. Les mauvaises ont fait la fortune de tant de gens, qu'il n'est pas étonnant que l'on veuille que les bonnes rapportent quelque chose. On ne fait le bien que pour soi ; et l'ingratitude, qui s'accommode de toutes les excuses, n'a cessé de dire depuis long-tems : « Quand le bienfait est un calcul, la reconnaissance devient une duperie. »

Telle fut à peu près la fin d'une conversation que j'eus l'autre jour avec un de mes vieux amis, qui a le malheur de chercher des motifs là où l'on devrait se contenter des résultats. J'eus beau combattre son opinion, lui opposer des exemples, lui citer des noms, je ne pus le convaincre de la fausseté de son raisonnement ; il alla même jusqu'à me défier de lui trouver un homme dont la conduite pût supporter l'examen des causes secrètes qui le faisaient agir. Piqué au vif, je cherchai long-tems dans Paris, et je me ressouvins que j'avais à la campagne un parent qui pouvait me servir à détruire la triste prévention de mon ami. Les environs de la capitale se ressentent plus ou moins du voisinage de la grande ville ; la corruption et les beaux-arts, l'intrigue et le bon ton, l'ambition et la politesse ne sont pas consignés aux barrières. Cependant il existe quelques villages privilégiés, quelques habitans obscurs qui n'ont pas encore été exposés à tous les avantages de la civilisation.

Je n'osai faire part de mon espérance à Darvis (c'est le nom de mon ami); on ne peut répondre de rien; et mon cousin, que je n'avais pas vu depuis long-tems, pouvait avoir changé de réputation. Souvent il ne dépend pas de nous de conserver celle que nous avons travaillé à acquérir; et si peu de gens se bornent à une seule! Je me contentai d'inviter Darvis à venir passer la journée avec moi au village d'Ant...; il accepta par désœuvrement. A sept heures, nous étions rue d'Enfer, entassés seuls dans une petite voiture à quatre places, où nous nous trouvions fort gênés. Je fis remarquer à mon ami la complaisance de notre conducteur, qui, sur l'observation que nous étions pressés, tourmentait, du fouet et de la parole, un pauvre cheval que l'habitude de ce supplice rendait insensible aux exhortations de son maître, et qui ne consentit à marcher un peu plus vîte que, lorsqu'après avoir dépassé la barrière, il se fût assuré que la voiture, à moitié vide, serait moins lourde qu'à l'ordinaire. Enchanté de ce succès, j'en faisais déjà l'objet d'une remarque favorable à mon opinion, lorsque Darvis me ferma la bouche en me parlant du *pour-boire* du postillon. Ce dernier m'en fit ressouvenir lorsque nous fûmes arrivés devant le presbytère.

Je n'avais point dit à Darvis que mon parent était curé de village; il l'apprit avec plaisir. La bonne vieille Monime, qui nous reçut en l'absence de son maître, nous fit les honneurs de la maison avec plus de franchise que de politesse. Darvis s'amusa à la questionner sur les principaux habitans d'Ant..... En peu d'instans nous sûmes que le bourg renfermait un grand personnage qui alliait à un nom illustre un esprit distingué, et s'amusait à composer de petits proverbes qu'il faisait représenter chez lui tous les mardis; une manufacture de cire, dont le propriétaire était au nombre des acteurs de la société de M. de B.....; un notaire qui ne manquait jamais de s'asseoir, le dimanche, dans le banc des marguilliers, dont il ne faisait pas partie; un procureur retiré, qui, d'après les conseils de M. le curé, rendait

un peu de bien à la paroisse ; une vieille dame
infirme chez laquelle mon cousin passait ordinairement ses soirées ; et deux propriétaires
très-riche, qui habitaient la campagne pour
économiser leurs revenus. Monime nous fit un
grand éloge de la manufacture de cire, dans laquelle un de ses neveux était employé. Cette
fabrique répandait une sorte d'aisance et d'activité dans le pays. Son influence s'étendait
même, suivant l'opinion de Monime, jusque
sur la population. Depuis l'époque de son établissement le nombre des baptêmes était doublé ;
ce qu'il fallait bien attribuer à l'activité de la
manufacture, puisqu'on n'en trouvait pas la
raison sur le registre des mariages. L'observation de Monime nous parut presque sans répli-
que ; cependant nous nous apprêtions à la con-
tredire, afin d'obtenir d'elle des renseignemens
positifs, des exemples concluans, lorsque mon
cousin rentra. Encore une bonne affaire ! se
dit-il à lui-même en se frottant les mains, et
en ordonnant à Monime de faire descendre
Mlle Agathe. Puis, nous ayant aperçus et sa-
lués, il nous pria d'excuser s'il avait d'abord
cédé à un mouvement de joie bien naturel.

« C'est un mariage que je viens de faire, continua-t-il. Le fils d'un épicier de la province a eu le malheur d'inspirer de l'amour à une jeune fille de ce village, qui jusqu'alors n'avait jamais donné le moindre sujet de plainte à ses parens. La liberté dont on jouit dans nos campagnes n'est pas aussi innocente qu'on feint de le croire, la pauvre fille ne tarda pas à s'en convaincre. Elle vint me confier sa faute..... On l'aurait ignorée sans la colère indiscrète de sa famille, qui la repoussa et ne voulut plus la revoir. Monime, dont je la crois un peu parente, eut la bonté de la recevoir chez elle. La disproportion des fortunes était un grand obstacle. J'allai trouver le jeune homme. Il me parut pénétré des malheurs dont il était cause, et disposé à tout faire pour les réparer. J'écrivis à ses parens, et j'ai eu la satisfaction de détruire toutes leurs objections. Hier au soir, j'ai reçu leur consentement. Je viens d'en prévenir le jeune homme, qui est allé implorer son pardon des père et mère d'Agathe, et je vais moi-même reconduire la jeune personne à ses parens, avec lesquels je l'ai entièrement réconciliée.

Mlle Agathe descendit. C'était une brune

d'environ dix-neuf ans, le teint hâlé par le soleil, l'œil noir et vif, la bouche assez agréable, quoiqu'un peu grande, les dents d'une blancheur éblouissante. Elle rougit en nous voyant. Le curé, avec une expression de bonté que rendait encore plus touchante la dignité de son caractère, lui annonça le double bonheur qui l'attendait. Il lui fit ensuite, sur les devoirs nouveaux qu'elle aurait à remplir dans la société, un discours simple et touchant, mais plein d'onction. Ce discours ne ressemblait en rien à ceux que j'avais déjà entendus sur le même sujet; très-court, il était facile à retenir; c'est un grand avantage auquel certaines personnes ont l'air de renoncer, à en juger par la longueur de leurs exhortations.

Le discours fini, mon cousin se rappela qu'il était sorti avant déjeûner; il nous pria de lui tenir compagnie; ce que nous acceptâmes avec plaisir. Soudain la table fut couverte d'un reste de pâté, d'une volaille froide, de confitures, présens de la vieille dame dont Monime nous avait parlé, et de fruits qu'elle alla cueillir dans le verger du presbytère; le bon curé descendit lui-même à la cave nous chercher quelques bouteilles de son vin des grands jours. Monime, devinant les intentions de son maître, plaça un couvert pour Mlle Agathe. Tandis que celle-ci, reléguée dans un des coins de la salle à manger, essuyait des larmes que la joie et le repentir faisaient également couler, Monime s'approcha de nous avec mystère : « Je vois bien, nous dit-elle, que M. le curé vous a raconté l'histoire de la petite; mais je suis sûre qu'il vous aura caché tout ce qu'il a fait pour elle, le logement qu'il lui a donné.... — Il nous a dit au contraire que c'était vous. — Moi!... toujours moi!... En vérité, cela me met dans des fureurs.... C'est toujours moi qui fais ses bonnes actions; et, Dieu merci! le nombre en est grand. » La colère de Monime fit sourire Darvis. Lorsque le curé reparut, mon ami le regarda avec un respectueux étonnement. Encore quelques instans, me dis-je à moi même, et ma cause est gagnée.

Le déjeûner fut fort gai; le curé nous demanda des nouvelles de la capitale. Il la visitait rarement. Agathe, qui était sortie depuis quelques minutes, reparut. Elle avait mis le déshabillé de perkale, le bonnet de mousseline, les bas de coton blanc ; sa parure, fort simple, ajoutait cependant à ses attraits : rien n'embellit la jeunesse comme le bonheur.

Au moment où l'on se disposait à sortir, la porte s'ouvrit ; le père et la mère d'Agathe se précipitèrent aux genoux du curé. Il les releva et leur imposa silence ; ensuite il remit Agathe dans leurs bras, et se dérobant à leurs remercîmens, il engagea la famille à se transporter sur-le-champ chez M. Tho.... Ce bon curé ! il avait pensé à tout, il était allé chez le notaire ; et, grâce à la faveur de s'asseoir dans le banc des marguilliers, M. Tho*** avait consenti à dresser *gratis* le contrat de mariage.

Un propriétaire aime à montrer ses domaines ; le curé nous conduisit dans son église. Quelques tableaux, dont on ne pouvait que louer l'intention, décoraient les trois chapelles ; un lustre de jais vert et blanc, ouvrage de patience d'une vieille demoiselle de la paroisse, était suspendu par une corde peinte au milieu du chœur ; l'église ne contenait que des bancs et point de chaises, d'où il résultait que l'office divin n'était jamais troublé par le recouvrement du prix de la location; quelques grappes de raisins blancs et noirs pendaient au col d'une bonne Vierge en plâtre placée au milieu du temple, en face de la chaire : c'était l'offrande des vignerons du pays, qui, tous les ans, déposent sur l'autel les prémices de la vendange. Le long silence qui régnait dans ce lieu fut interrompu par les sanglots d'une vieille femme, qui vint prier à chaudes larmes M. le curé d'enterrer son mari. Sa douleur avait plus d'un motif. Elle se pencha à l'oreille du pasteur, et je crus entendre les mots de misère, de frais d'enterrement, mêlés ensemble. « Que cela ne vous inquiète pas, répliqua mon parent, en lui remettant quelques petites pièces d'argent, qui, sans doute, étaient la monnaie d'une plus grosse que je ne lui avais pas vu recevoir; et sur-le-champ, il donna des ordres pour que l'inhumation eût lieu dans la journée. La pauvre femme s'en retourna à moitié consolée.

Le jardin du presbytère, promenade accoutumée du curé, eut notre visite, ainsi que son petit logement. Je jetai un coup-d'œil sur sa bibliothèque; la *Henriade* y avait trouvé une place. Il avait décoré son salon de quelques ta-

bleaux qu'il avait achetés au hasard, et dont il
expliquait le sujet à sa manière. Pausanias,
évoquant l'ombre de Cléonice, était pour lui
la Pythonisse d'Eudore, évoquant l'ombre de
Samuel, et la vengeance de la jeune Romaine
Chiomari, tranchant la tête à son ravisseur,
passait à ses yeux pour l'action de Judith dans
la tente d'Holopherne. De plus habiles s'y seraient trompés comme lui.

Tandis que nous examinions les meubles du
salon avec une attention minutieuse qui flattait
le bon cousin, un domestique à grande livrée
se présenta de la part de son maître pour prier
le digne pasteur de se rendre au château de
H***. Monime l'écoutait avec impatience; elle
se tuait à faire des signes au curé; mais celui-ci,
sans faire attention à l'humeur de la vieille
gouvernante, répondit à l'envoyé qu'il allait le
suivre. Monime le reconduisit en murmurant,
et dès qu'il fut parti, elle revint précipitamment sur ses pas; et s'adressant à son maître:
« Quoi! lui dit-elle, vous irez? — Sans doute.
— Sur une invitation aussi cavalière, vous vous
rendrez chez un homme qui vous reçoit si mal
toutes les fois que vous implorez sa charité pour

les pauvres de la paroisse. — Monime ! — Vous quittez ces Messieurs, avec lesquels vous êtes si bien, pour vous exposer aux affronts d'une nouvelle humiliation ! — Je ne connais que mon devoir. — Nous y voilà !.... Votre devoir !.... Avec ce mot-là on vous ferait courir au bout du monde. Je vous pardonne de passer la nuit auprès d'un malade, quoique cela dérange votre santé.... — Monime ! — Je vous pardonne la petite pension que vous faites à des neveux qui sont plus riches que vous.... — Monime ! — Je vous pardonne l'argent que vous m'avez envoyé remettre à ce pauvre Belhorme ; le bon vin que vous m'avez ordonné de porter à la vieille Bidault; les secours.... » Un regard sévère du curé mit fin aux reproches de Monime.... « Cela suffit, M. le curé, dit-elle d'un ton radouci en lui présentant sa canne et son chapeau, qu'elle essuyait avec la manche de sa camisole, je ne faisais pas attention qu'il y avait des étrangers, et que vous ne m'avez permis de vous gronder que lorsque nous sommes seuls. »

Mon cousin sortit, en nous priant d'attendre son retour ; nous le lui promîmes ; ce que nous avions entendu nous avait trop intéressés pour ne pas désirer d'en apprendre davantage. Nous résolûmes de mettre à contribution la bonne Monime ; elle ne demandait pas mieux que de nous ouvrir les trésors de sa mémoire ; et, avec toute la volubilité possible, elle nous fit, en des termes dont je regrette de n'avoir pu conserver l'originale simplicité, le récit abrégé des occupations journalières du bon curé.

« Mon maître, nous dit-elle, se lève presque tous les jours avec le soleil. Après avoir fait sa prière, il descend au jardin ; il s'arrête devant chaque plante, dont il admire les progrès ; il les débarrasse soigneusement d'un voisinage incommode, et, l'arrosoir à la main, il parcourt en tous sens les allées de son potager. Le jardinage est une des occupations favorites de M. le curé. C'est un plaisir si pur, si tranquille ! Celui-là ne coûte pas de regrets. Les fleurs sur-tout sont l'objet de sa prédilection ; il les cultive avec un soin particulier. Les plus belles servent d'ornement à notre église, les autres vont mourir sur sa cheminée.

» A huit heures, Monsieur rentre ; il s'habille, et dit la messe, que lui sert un jeune orphelin dont il s'est chargé malgré moi, et qu'il fait élever à ses frais depuis cinq ans. Quelques vieillards que leur âge rend incapables de travailler, de jeunes demoiselles qui appartiennent à des parens aisés, des enfans qui se préparent à faire leur première communion, des gens riches qui sont venus passer quelques mois à la campagne pour se distraire, assistent ordinairement à l'office divin. Ils n'y sont pas conduits par un motif étranger ; ce n'est ni la musique du jour, ni l'éloquence brillante du ministre, ni la pompe de la cérémonie, qui leur a fait prendre le chemin de l'église : ils y viennent pour prier. Dieu veuille qu'il en soit de même partout !

» Travailler, c'est prier, dit Monsieur, qui ne se plaint point de l'absence de ses paroissiens pendant la semaine, et qui a la satisfaction de de les voir réunis sous ses yeux le dimanche. Ce jour-là, l'office divin est fixé à une heure commode pour tous les habitans, et le grand nombre des auditeurs ajoute seul à la splendeur de la fête. Comme il n'y a pas dans notre village d'homme qui soit employé à l'église et à l'Opéra, il en résulte qu'on ne retarde pas la grand'messe pour aller chercher le chantre au cabaret, et qu'on ne passe pas la moitié des vêpres pour donner au figurant le tems d'arriver avant le lever du rideau. Nous n'avons pas non plus de ces belles messes en musique, où il y a des *duo*, des *trio*, à la façon des opéras; et lorsqu'il s'agit de faire la quête, M. le curé ne choisit ni la plus jolie, qui causerait des distractions, ni la plus riche, qui éblouirait par sa toilette, mais la plus sage, la plus modeste, qui accepte cette mission avec reconnaissance, et s'en acquitte avec décence. Cet honneur excite l'émulation de toutes les jeunes personnes du village, et leur petite ambition est encore un hommage à la vertu.

» Cependant je suis forcée d'en convenir, et je vous le dis en confidence, quelques-uns de ceux qui dans la semaine assistent le plus régulièrement à nos exercices de piété, n'en tirent souvent aucun fruit. Nous avons un marchand très-riche, qui ne manque pas une messe et ne peut perdre l'habitude qu'il a de vendre plus cher que ses confrères. A l'église, il est d'une attention, d'un recueillement qui vous édifient; chez lui, sa distraction est si grande qu'il oublie presque toujours une partie du poids des objets qu'on lui demande. J'ai été obligée de le quitter; et cela m'a contrarié parce qu'il a dans le pays une réputation de probité que n'a pas celui chez lequel je m'approvisionne maintenant; mais ce dernier vend moins cher, et sert mieux ses pratiques : ce qui n'est point à dédaigner dans un petit ménage.

» Il est rare qu'après sa messe M. le curé n'aille pas faire un tour de promenade dans le village. Tantôt il va émouvoir la pitié de ses riches paroissiens en faveur des pauvres malheureux qui n'ont pas le courage de mendier en personne; tantôt il assiste aux leçons de notre école; il interroge les enfans, et s'assure, par lui-même, des principes du maître et des progrès des écoliers. Ses visites ne sont pas également heureuses : la richesse a ses scrupules, qui la dispensent de la charité; beaucoup de gens n'osent pas encourager la mendicité par leurs aumônes, et se refusent à donner, dans la crainte d'être obligés d'en prendre l'habitude.

» Mais l'argent ne console que la misère : il y a des douleurs que la fortune ne peut apaiser, des larmes que l'on ne saurait tarir; M. le curé, qui ne l'ignore pas, varie ses soins

et ses secours suivant l'affliction qui le réclame :
là, il donne; plus loin, il conseille; une autre fois, il verse dans l'asile du malheur le baume de l'espérance. Indulgent comme la religion, il compâtit aux faiblesses, aux misères humaines; la douceur et l'éloquence de ses reproches ont ramené plus d'une brebis égarée ; et lorsqu'un infortuné, dont le soupçon a flétri la vie, est prêt à s'endormir d'un sommeil éternel, notre bon curé, qu'aucun obstacle n'arrête, se glisse doucement au chevet de son lit ; ses discours onctueux, ses exhortations paternelles font descendre le remords dans son ame, et le conduisent doucement au repentir ; grâce aux soins de Monsieur, dans notre village, le coupable même ne meurt pas désespéré.

» Le cimetière, que vous voyez là-bas, à travers la fenêtre, est aussi une des promenades accoutumées de notre curé : c'est l'endroit où la plupart du tems il lit son bréviaire; assis sur une tombe, et placé, comme il le dit fort bien, entre le néant et l'éternité, il y rêve à ses sermons des grandes fêtes : j'en ai quelquefois l'étrenne, et rien ne lui fait autant de plaisir comme de me voir pleurer en l'écoutant. Il est vrai que je lui porte bonheur, et qu'ordinairement je donne l'exemple à tout le village.

» Notre cimetière n'a point l'élégance de ceux de la capitale; nos habitans n'ont pas la manie des tombeaux, ils ne bâtissent pas pour l'autre monde; » et comme je lui faisais remarquer un monument qui semblait démentir ses paroles, Monime se hâta de m'apprendre que les deux colonnes de marbre blanc que nous voyions indiquaient la place où devait être enterré le baron de Bro.... Ce riche et jeune seigneur avait payé au poids de l'or ce terrain; mais après avoir présidé lui-même à l'arrangement de sa dernière demeure, après en avoir dirigé les travaux, choisi les sculptures, composé les inscriptions, il était allé mourir sur une frégate qui croisait dans l'Inde, et la mer lui avait servi de cercueil. « Ainsi, dis-je à Darvis, la fortune n'assure pas à l'homme qui la possède la jouissance de sa tombe!....

» —Mon maître, continua Monime, dîne souvent chez lui, rarement il y dîne seul; quelquefois il se lève de table vers le commencement du repas, pour porter des secours ou des consolations chez un de ses paroissiens, car jamais il ne se fait attendre. J'ai beau le gronder et lui représenter le tort qu'il fait à sa santé en agissant ainsi, il s'excuse auprès de ses convives, et sort en oubliant de me répondre.

» Je me rappelle qu'un jour je le quittai, après l'avoir servi : quelle fut ma surprise, en rentrant, d'apercevoir une pauvre famille qui, assise à la table, dévorait le dîner de mon maître, tandis que lui, debout, la bouteille à la main, versait tour-à-tour à boire au père, à la mère, aux deux enfans ! Les larmes me suffoquèrent, et je ne pus rien dire. M. le curé, qui ne concevait rien à mon attendrissement, s'avança gaîment, et me pria de redescendre à la cave ; je n'eus pas la force de refuser.

» C'est ordinairement l'après-midi qu'il donne ses leçons de catéchisme : il y admet tous les enfans, sans distinction de rang ou de fortune ; ses bontés sont les mêmes pour tous ; cette égalité de soins excite en eux une louable émulation ; elle donne aux uns une noble confiance, aux autres une sage retenue qui influe sur le reste de leur existence. M. le curé prétend que, pour inspirer aux enfans l'amour de la vertu, il faut les y accoutumer par l'exemple.

» Le soir, Monsieur va faire la partie de quelques personnages du pays, ou bien il les invite à venir faire la sienne ; j'ai toujours admiré sa complaisance pour une foule d'originaux dont les volontés et les caprices obtiennent de mon maître une soumission qui me révolte. Le piquet et le trictrac sont les jeux ordinaires de la société. Le gain est versé dans un tronc destiné aux pauvres de la commune ; ce sont les perdans qui font l'aumône : cela est assez ordinaire dans le monde, où les malheureux s'entr'aident toujours. »

Monime reprenait haleine pour ajouter quelques traits à ce tableau de la vie de son maître, lorsqu'il entra brusquement ; et s'adressant à nous : « Le Ciel, dit-il, vous a envoyés en ces lieux pour m'aider à faire une bonne action. La personne de chez laquelle je sors à l'instant est un de ces hommes que le destin a frappés d'un misérable bonheur. Enfant perdu de la fortune, elle l'a criblé de ses faveurs. Assez sage pour se rendre justice, et toujours étonné de ses succès, il n'en a joui qu'en tremblant. Convaincu, par ce qui se passait journellement autour de lui, que l'argent était le signe repré-

sentatif de toutes les valeurs possibles, il a
échangé quelques parcelles de sa fortune contre des simulacres d'amour, et des semblans
d'amitié. Ennemi d'une chaîne durable, il a
acheté la honte de donner l'existence à des enfans qui n'ont jamais pu lui accorder le nom de
père. Adroit dans ses opérations mercantiles,
il a jeté un voile d'or sur ses erreurs, et la
fortune l'a environné de la considération publique. Des hommes puissans ont imploré la
faveur de donner leur nom à ses filles ; et ses
fils, plus sages que lui, ont formé des alliances
légitimes. Cependant cet heureux du siècle,
abandonné de la santé qui a trahi son âge et ses
désirs, voit arriver à grands pas le terme d'une
vie qui fut une longue succession de fêtes et de
plaisirs ; mais, par une de ces bizarreries que
rien ne peut excuser, cet homme, qui n'a pu
laisser son nom à ses enfans, veut encore les
priver de son héritage. Je l'ai trouvé dictant à
son notaire un testament, monument de la plus
cruelle stupidité. Il y lègue des châteaux, des
maisons à ceux qui furent un instant ses amis ;
il paie ses domestiques en rentes, ses flatteurs
en bijoux ; et dans la longue liste des héritiers

de sa fortune, il n'a oublié que ses enfans. Mes représentations ont un peu ébranlé sa volonté, et je ne doute pas que la présence de ceux qu'il veut déshériter ne le fasse changer de résolution ; partez donc tout de suite pour les aller trouver, et s'il est possible, revenez avec eux avant la fin du jour ; tout me présage que nous réussirons. » Je pris sur-le-champ congé de mon cousin, et Monime eut la bonté de nous accompagner jusqu'à la place où nous devions retrouver notre voiture.

Darvis ne disait rien ; ce qu'il venait de voir et d'entendre l'avait convaincu qu'il s'était trop pressé de condamner le genre humain. Cependant j'avoue que j'aurais été fort embarrassé s'il eût ajourné sa conversion après une autre épreuve.

Au moment de monter dans la petite diligence qui devait nous rapporter à Paris, Monime me tira par le pan de mon habit : « J'espère, Monsieur, me dit-elle, que vous n'abuserez pas de ma confidence ; mon maître ne peut que gagner à être connu, sans doute ; mais il ne me pardonnerait jamais le bien que je vous ai dit de lui : quant aux autres personnes, elles se fâcheraient peut-être de mes observations. Tout le monde veut être exempt de ridicules, et l'on ne pardonne pas à ceux qui les ont découvert de les exposer au grand jour ; vous auriez beau parler de leurs vertus, de leurs talens, de leur probité ; ces éloges-là ne guérissent pas les blessures faites à l'amour-propre.... » Je rassurai Monime sur les suites de son indiscrétion ; mais je n'osai pas lui promettre le secret, car je me sentais intérieurement décidé à lui manquer de parole.

N° VI. — 1ᵉʳ *septembre* 1817.

LES HONNÊTES GENS.

> Il y avait autrefois à Rome un temple dédié à l'Honneur. On ne pouvait y entrer qu'en passant par celui de la Vertu. Leçon ingénieuse qui laissait assez entendre que sans la vertu il n'y a point de véritable honneur.
>
> Duclos.

Tout vieillit. Le *Dictionnaire de l'Académie* renferme une foule d'expressions inusitées, de termes qui ont changé d'acception, et qu'on n'entendrait plus aujourd'hui; ce qui nous arrive à cet égard me fait craindre que dans quelque tems on ne soit plus d'accord sur la signification qu'il faut donner à ces mots : *honnêtes gens*. On les explique si différemment dans le monde! on en fait un usage si singulier, qu'on sera bientôt fort embarrassé pour justifier leur emploi.

Il faut beaucoup de qualités pour faire un honnête homme, dit le dictionnaire, qui ne prend pas la peine de les désigner toutes, mais qui place au premier rang la probité et la vertu. La société a été long-tems de cet avis ; mais peu-à-peu elle s'est relâchée de son exigence. Plus elle a acquis de lumières, moins elle a montré de sévérité pour les principes. On fait aujourd'hui des honnêtes gens à bien meilleur marché qu'autrefois. C'est une réputation qui s'acquiert à peu de frais, et qu'avec quelque adresse on garde long-tems; il suffit pour cela d'une certaine dose d'esprit et d'enjouement, d'un certain vernis de politesse. Le sobriquet d'honnête homme n'est plus qu'un mot de passe, qu'un terme de convention dont on se sert pour désigner une personne qu'on voit avec plaisir, ou que sa position met à même de vous être utile.

M. de N***, qui se plaît à me compter au nombre de ses amis, quoiqu'en vérité je n'aie, jusqu'à présent, rien fait qui puisse m'attirer les honneurs de son amitié, m'invita l'autre jour à déjeûner. « Je réunis chez moi, m'écrivait-il, quelques honnêtes gens qui ont la bonté de m'aimer un peu. J'ai compté sur vous pour augmenter leur nombre. » Les honnêtes gens sont toujours bons à voir; libre de mon tems, je n'avais rien de mieux à faire que d'accepter son invitation. Je répondis à M. de N*** que je serais chez lui le mardi suivant, à l'heure qu'il m'avait indiquée ; et, jaloux de lui prouver mon exactitude, j'arrivai l'un des premiers au rendez-vous.

M. de N*** est aussi un honnête homme; c'est du moins ce que disent tous ceux qui le connaissent. Dans un tems où le commerce allait mal, sa fortune se trouva compromise, et il fut forcé de manquer par précaution. Ce malheur n'a pas nui à sa réputation, parce que, fidèle à ses nouveaux arrangemens, M. de N*** a rendu à ses créanciers la moitié de ce qu'il en avait reçu. Ceux-ci, qui ne comptaient sur rien, ont été agréablement surpris de recevoir 50 pour cent. Ils ont regardé cette espèce de restitution comme de l'argent trouvé; et dans leurs joyeux transports ils ont porté aux nues ce qu'assez généreusement ils appelaient la probité de M. N***. Ce dernier a essayé de nouvelles spéculations qui lui ont merveilleusement réussi. On évalue sa fortune à 35,000 fr. de rente ; et comme

M. de N*** a laissé courir le bruit qu'il achèverait de payer ses anciens créanciers, lorsqu'il aurait doublé ses capitaux actuels, les plus intéressés se sont hâtés de lui en fournir les moyens. Cette espérance a donné une nouvelle activité à son commerce, et de nouveaux motifs de louanges à ses amis.

Il n'y avait encore de rendu chez l'amphytrion qu'un petit homme en perruque ronde, habit gris et culotte de casimir noir nouée avec des cordons de fil ; des bas de coton bleus formaient, avec une veste de soie brodée en couleur, le complément d'une toilette passablement originale. Je ne me laisse jamais séduire ni rebuter par les vêtemens d'un homme : un extérieur brillant ne suffit pas pour commander ma vénération, et un costume simple, bizarre même, ne diminue en rien du respect que peut m'inspirer celui qui le porte. Je me sentis comme entraîné vers le petit homme; sa figure était gaie, son œil malin. Deux ou trois mots qu'il laissa échapper me prévinrent en sa faveur. Je ne l'avais jamais vu chez M. de N***, dont il paraissait cependant connaître particulièrement la maison.

On avait inscrit le nom de chaque convive sur des cartes qui étaient restées sur la cheminée ; un mouvement de curiosité me porta à les parcourir. Le petit homme, après m'avoir regardé en souriant, me demanda si ces Messieurs étaient de ma connaissance.... « Leurs noms, lui répondis-je, ont frappé mon oreille plusieurs fois ; mais je n'ai pas encore eu le plaisir de me trouver avec ceux à qui ils appartiennent.... Je sais seulement que ce sont de fort honnêtes gens.... » A ces mots, le petit homme secoua la tête, et présumant sans doute que par cette manière de répondre il avait excité ma curiosité, il prit les cartes, et, lisant à demi-voix les noms des convives, il ajouta :

« M. Eugène de G*** est ce que dans le commerce on appelle un homme rare ; il n'a jamais manqué à sa signature ; il paie ses billets avec la plus scrupuleuse exactitude ; et quoiqu'il ait de tems à autre éprouvé de grands revers, jamais un créancier n'a eu à se plaindre de lui : il est impossible d'avoir plus d'ordre dans ses affaires, plus de probité dans ses transactions ; et si M. de G*** était garçon, je me ferais un plaisir de joindre mes éloges à ceux dont on le comble journellement.... Mais il est marié ; et cet honnête commerçant est un fort mauvais époux.... Commis chez un des principaux banquiers de la capitale, il a épousé la fille de son patron, Mlle C***, qui lui a apporté cent mille écus de dot. En se mariant, elle a satisfait aux volontés de ses parens et au choix de son cœur; mais elle adore un mari dont elle a fait la fortune, et qui paraît oublier tout ce qu'il lui doit. M. de G***, dont la galanterie est passée en proverbe, se dispense d'avoir pour sa femme ces égards que l'hymen commande, et auxquels l'amour de celle qui en est l'objet prête un motif plus doux. Paris retentit de ses liaisons scandaleuses; on le voit partout avec ses maîtresses, nulle part avec sa femme. Les unes, orgueilleusement parées de ses bienfaits, étalent dans nos promenades un luxe déshonorant, tandis que, reléguée dans son appartement, l'autre passe dans la solitude et l'ennui des jours qui devaient s'écouler dans le bonheur et la joie. On plaint Mme de G***, mais on n'ose l'aller voir. Les amis de sa famille, qui se déchaînent devant elle contre l'inconduite de son mari, ne se refusent jamais à accompagner ce dernier dans ses parties de plaisir ; et comme M. de G*** ne fait mourir sa femme que de chagrin, personne ne s'est encore avisé de lui contester son titre d'honnête homme.

» Si cette qualité, répliquai-je, était donnée aux bons maris, vous ne la disputeriez pas à M. Duplan, dont je lis le nom sur la carte que vous pressez légèrement entre vos doigts... J'ai voyagé dans son pays ; il y est cité comme le modèle des époux..... — Cela se peut, me répondit le petit homme ; tout le monde ne voit pas au fond des cœurs. Duplan était un jeune notaire sans fortune ; un riche négociant mourut quelque tems après avoir fait un dépôt considérable chez lui ; la famille l'ignorait ; Duplan alla l'en instruire. Cette action devint bientôt le sujet de tous les entretiens de Clermont ; il n'était question que de la probité de Duplan. On raconta cette aventure dans une maison devant la vieille marquise de Jordeuil : ce récit la toucha. Dès le lendemain, elle trouva un prétexte pour se présenter dans l'étude de Duplan. La vue de ce jeune homme, et les renseignemens qu'elle avait fait prendre sur sa conduite, achevèrent de la déterminer ; âgée de soixante-

seize ans, riche de 18,000 livres de rentes,
Mme de Jordeuil fit offrir sa fortune et sa main
à Duplan; il les accepta avec reconnaissance,
et, comptant d'avance sur son bonheur, il fit
commander en même tems son habit de noces
et ses vêtemens de deuil. Tout ne va pas au gré
de nos souhaits : la marquise, bien portante,
menaçait d'attraper son siècle ; chaque jour lui
donnait de nouvelles forces; les attentions délicates de son mari jetaient sur le déclin de sa
vie quelques-unes de ces fleurs dont l'amour
avait parsemé sa jeunesse. Cette union, qui
d'abord n'avait trouvé que des censeurs, qui
avait été célébrée par des épigrammes et des
couplets satiriques, ne rencontrait plus que des
admirateurs. Duplan seul, quoique fort heureux par son mariage, pensait qu'il durait trop
long-tems. Il se rappela que la marquise avait
été autrefois excessivement coquette, les soins
qu'elle donnait encore à sa toilette prouvaient
qu'elle n'avait pas abandonné toutes ses prétentions; au lieu de les combattre, Duplan s'amusa
à les fortifier : il persuada à Mme de Jordeuil que
le tems n'avait touché ses attraits que du bout
de son aile ; il fit rajeunir ses parures, et la

força d'assister à toutes les fêtes qu'on donnait à Clermont. Mari galant, il passait les nuits auprès de sa femme, et poussait la complaisance jusqu'à danser avec elle. La bonne foi qu'il affectait ne permettait pas de soupçonner ses projets, et toutes les femmes regardaient d'un œil d'envie les soins dont Mme de Jordeuil était l'objet. On pense bien qu'elle ne put résister à ce train de vie ; chaque fête la précipitait gaîment vers le terme de son existence ; et en moins de trois mois son époux la conduisit au tombeau par le chemin des plaisirs.

» Un autre aurait levé le masque. Plus adroit, Duplan ne quitta point son rôle ; il afficha une douleur excessive : « C'est ma bienfaitrice, mon épouse, disait-il, que le sort me réduit à pleurer ! » Pendant quelques jours, il s'enferma pour arranger les papiers de la succession ; on mit sa retraite sur le compte de son chagrin, et lorsqu'il reparut dans le monde, toutes les mères de famille voulurent le charger du bonheur de leurs filles!.... On attend avec impatience qu'il veuille bien se prononcer en faveur d'une de ces demoiselles.

» M. le baron de D***, dont on n'a point oublié le titre sur sa carte, ne se permettrait pas la moindre action répréhensible; il pousse la délicatesse à l'excès. Mais cet homme d'honneur doit à tout le monde, et ne paie personne; il donne un louis au malheureux qui implore sa pitié, et refuse six francs à l'ouvrier dont il a employé le travail; ses créanciers le maudissent, les pauvres le louent.... C'est ce qu'on appelle communément un bon garçon.... De mon tems, on n'en aurait pas fait un honnête homme.

» Cette carte porte le nom d'un jurisconsulte distingué. On cite de lui vingt traits qui honorent son caractère; il passe à tous les yeux pour un homme intègre. Quelques cliens ont essayé de faire fléchir sa conscience; mais ils ont échoué. Cependant il s'est refusé à rendre justice à une pauvre femme qui, pendant vingt-huit ans, a frappé inutilement à la porte de Thémis.... « Elle a raison, disait-il; ce qu'elle
» demande lui est légitimement dû... Mais cette
» femme est âgée; souffrante; elle a l'habitude
» du malheur; encore quelques années, elle dis-
» paraîtra sans retour de ce monde... Faut-il,
» pour adoucir les deux ou trois ans qui lui res-

» tent à souffrir, déshonorer une famille puis-
» sante, qui peut-être est coupable, mais qui jouit
» de l'estime et de la considération générale!...»
Je ne sais pas si son sentiment a prévalu, mais
je crois avoir entendu dire que la famille n'a-
vait pas été déshonorée publiquement.

« M. R*** réunit au caractère le plus gai, à
l'esprit le plus souple, une bravoure à toute
épreuve ; il est bon fils, bon ami. Mais un penchant désordonné pour le plaisir ternit en lui ces
heureuses qualités.. Je l'ai vu exposer ses jours
pour le mari dont il venait de séduire la femme ;
et, dans la société, M. R*** a toujours eu la
réputation d'un honnête homme.

» Il en est de même du baron B***, qui affecte
à tout propos une sensibilité ridicule. Le baron
fut juré dans une affaire assez importante ; il
s'agissait d'une accusation de conspiration qui
pesait sur de grands personnages dont le gouvernement croyait prudent de se débarrasser.
Lorsque les jurés se réunirent pour aller aux
voix, le baron, qui désirait accorder ensemble sa vertu et son intérêt, ne voulant point
contribuer à faire condamner des accusés dont
la culpabilité ne lui était pas démontrée, et

d'un autre côté n'osant déplaire au gouvernement, dont il sollicitait les faveurs, s'arrangea de façon à ne donner son opinion que le dernier. Et comme sur douze jurés neuf avaient déjà prononcé la peine capitale, il se rangea sans effort du côté de la majorité. Son opinion surabondante n'ajoutant rien à la situation des condamnés, il trouva le moyen de rassurer sa conscience et de satisfaire son ambition. »

Mon interlocuteur se disposait à continuer sa revue, lorsque le domestique annonça la plupart des personnes qu'il venait de me dépeindre. Le maître de la maison parut bientôt, et le reste des convives étant arrivé, on se mit à table. L'honneur, les vertus et la probité firent les frais de la conversation. La chaleur avec laquelle tous ces messieurs prirent le parti de la morale me fit douter un instant de la vérité de ce que m'avait raconté le petit homme ; pour lui, il se contentait de sourire ironiquement en me regardant. Sa conduite m'intriguait. Placé à la droite de l'amphytrion, je le priai de vouloir bien m'apprendre quel était ce personnage. « C'est un original, me répondit-il à voix basse, dont la manie est de tout fronder; il abuse de son esprit pour débiter une foule d'anecdotes.—Qu'il invente, sans doute?... —Non, le mensonge n'a jamais souillé ses lèvres, et sans cette fureur de dire tout ce qu'il sait, je le regarderais comme un honnête homme. » Cette réflexion me parut singulière. M. de N.... ne voyait le mal que dans la publicité. Je suis forcé d'avouer que c'est à peu près ainsi qu'on en juge dans la capitale, où l'on est convenu tacitement d'appeler honnêtes gens tous ceux qui ont été assez adroits pour se tirer d'affaire.

N° VII. — 16 *septembre* 1817.

LA MAISON SAINT-LAZARE.

—

Ducit labor ad virtutem.
Le travail conduit à la vertu.

Ainsi que mon prédécesseur, avec lequel je désirerais avoir d'autres points de ressemblance, j'attends souvent du hasard le sujet de mes articles hebdomadaires; aussi est-ce lui qui me conduisit vendredi dernier au faubourg Saint-Denis, et m'inspira l'idée de placer mon observatoire au milieu de la maison Saint-Lazare.

Les Parisiens, d'ordinaire peu curieux, connaissent assez bien les promenades publiques et les environs de Paris; mais je ne serais pas étonné que la plupart d'entre eux ignorassent jusqu'au nom de cette maison qui, dans l'origine, fut un couvent, et devint ensuite une prison.

Lorsque le soupçon tenait lieu de crime, dans ces tems où l'accusation équivalait à un jugement, une précaution barbare consignait l'humanité à la porte des prisons; la charité n'y pénétrait que sous les auspices de la religion; l'innocence qui, quelquefois, tremblait à l'aspect de la justice, y languissait sans appui, sans consolation; le crime y était livré à lui-même ; le tourment de la solitude jetait le désespoir dans son ame, et la fermait aux remords. Un arrêt long-tems attendu, vainement sollicité, n'ajoutait rien à la terrible situation du coupable, et ne rendait l'innocent à sa famille qu'après lui avoir préalablement fait expier, par une longue et douloureuse captivité, le crime qu'il n'avait pas commis. En Portugal, des prisonniers sont souvent détenus pendant plusieurs années avant d'être interrogés, et quelquefois il arrive qu'un condamné à mort attend six ans l'exécution de sa sentence. Heureusement on peut compter sur sa patience.

Des législateurs éclairés, pensant avec sagesse que nul n'est à l'abri des dangers de la calomnie, du malheur de la prévention, et dès-lors ne cherchant à trouver partout que des innocens, ont supprimé l'abus des peines préliminaires ; étendant ensuite leur philantropie jusque sur les malheureux condamnés, ils ont fait entrer dans leurs cachots le travail et l'espérance, ces deux divinités qui soutiennnent, consolent, et qui font supporter l'horreur du présent, en créant à l'infortuné des ressources pour l'avenir. C'est d'après de tels principes qu'est administrée la maison Saint-Lazare.

Un homme, dont l'unique emploi est d'ouvrir et de fermer la porte d'entrée, et qui s'acquitte de ses fonctions avec toute l'impassibilité qu'elles réclament, ayant eu la bonté de m'indiquer l'appartement du concierge, je me présentai chez ce dernier ; il était à faire sa ronde. Un garçon servant eut la bonté de m'accompagner jusqu'au dortoir, qu'il visitait en ce moment. Le silence qui régnait dans toute cette partie du bâtiment ne permettait pas de croire qu'il fût habité par 860 femmes, que l'habitude du vice, la violence des passions ont conduites au crime, et qui expient dans une captivité plus ou moins longue les torts d'une mauvaise éducation, ou les suites inévitables de la paresse et du libertinage.

Je trouvai dans le concierge de la maison Saint-Lazare cette politesse que j'ai souvent désirée à des personnages d'un rang distingué. Cela prouve que rien ne gâte un bon naturel, et que M. Boissel ne se ressent pas de l'influence de son voisinage.

Howard a beaucoup vanté les prisons de la Hollande. Je ne doute pas qu'elles aient mérité l'éloge qu'il en a fait; mais il est difficile de croire qu'elles puissent supporter la comparaison avec la manière dont celles de Paris sont tenues. En remarquant l'ordre et la propreté qui règnent à Saint-Lazare, l'activité des travaux, la douceur des maîtres, la gaîté des ouvrières, les soins dont elles sont l'objet, j'ai souvent été tenté d'oublier que je visitais une prison.

Le vol est le crime le plus commun de ces malheureuses femmes, à qui la misère prête parfois une excuse; et certes, c'est une idée bien philantropique que celle d'avoir fait tourner la punition du délit à l'avantage du condamné. Ces êtres que leur inconduite sequestre pendant un certain tems de la société, y rentreront un jour en possession d'un métier qu'ils auront appris, et d'épargnes qu'ils auront accumulées. Le prix des ouvrages est divisé en trois parts: la première reste à l'administration, la seconde est comptée sur-le-champ à l'ouvrier, la troisième est mise en réserve pour lui être rendue lors de sa sortie.

Une paysanne fut condamnée à six ans de réclusion ; en entrant à Saint-Lazare, elle ne savait rien ; une des ouvrières en schalls se plut à l'instruire ; en peu de tems l'écolière surpassa sa maîtresse ; elle s'appliqua, prit goût au travail, se priva des récréations ordinaires pour augmenter son gain, et sortit au bout de son tems avec une petite somme de 923 fr. qui lui a servi à s'établir en province, où sa bonne conduite lui a mérité l'estime de tout le monde. C'est du moins ce que m'apprit M. Boissel, qui m'assura que cette pauvre fille n'avait cessé de l'édifier par son repentir, et que depuis sa sortie elle avait saisi toutes les occasions de lui témoigner sa reconnaissance pour les égards qu'il s'était cru autorisé à avoir pour elle.

Comme il me racontait cette anecdote, un garçon l'avertit que la femme qui était au cachot venait d'essayer de se pendre ; mais que le surveillant, se doutant de quelque chose, l'avait privée de ce plaisir... « *Hé! hé!* me dit en riant le concierge, *elles ne sont pas ici pour faire ce qu'elles veulent....* » Nous doublâmes le pas, et nous arrivâmes à ce que le garçon appelait si orgueilleusement un cachot. Imaginez une chambre très-vaste qui reçoit le jour par une fenêtre de cinq pieds, dont la vue donne sur une des cours de la maison... C'est là que gissait, étendue sur deux bottes de paille, et dormant d'un sommeil si profond qu'elle ne nous entendit point, la femme qui, un quart d'heure auparavant, avait tenté de se tuer pour recouvrer sa liberté.

Les ateliers de la fabrique de schalls, du découpage des laines, de la broderie, de la couture, du tricot, étaient tous en activité lorsque je les parcourus ; en promenant mes regards sur les ouvrières, je fus frappé de la beauté de quelques-unes. On se fait du crime une image si affreuse qu'on a toutes les peines du monde à en découvrir quelques traces sur un joli visage. Dans l'atelier de la couture, je remarquai une jeune personne dont les traits distingués, la physionomie douce et agréable, recevaient pour ainsi dire un nouvel éclat de la bizarrerie de son costume : ses cheveux étaient cachés sous une coiffe de toile. Dès qu'elle nous aperçut, elle se détourna comme pour nous dérober sa figure. La délicatesse et la blancheur de sa main prouvaient son peu d'habitude du travail ; je crus un instant que cette personne était celle qu'un jury acquitta du crime d'empoisonnement qui pesait sur son mari, qu'elle eut la douleur de perdre pendant l'instruction ; mais M. Boissel me détrompa. « La veuve en question s'est échappée, il y a près de quatre ans, me dit-il, et le bruit court même qu'elle est remariée. » Cette nouvelle me fit frémir malgré moi ; je m'approchai un peu plus près de la jolie prisonnière. Son obstination à se cacher piquait ma curiosité. Le concierge l'appela par son nom ; il m'était inconnu ; mais à peine eut-elle jeté les yeux sur nous, que je reconnus en elle une jeune femme qui, en conduisant la calèche de milord K...., avait failli m'écraser l'hiver dernier.

A cette époque, liée d'amitié avec le jeune

lord, elle vivait de ses bienfaits : les bijoux et les diamans brillaient dans sa parure; un nombreux domestique était à ses ordres, et suffisait à peine à la multiplicité de ses caprices; un riche équipage la transportait à tous les spectacles ; la foule s'empressait sur son passage, et de nombreux amis de milord sollicitaient la faveur de varier ses plaisirs.... Que de réflexions me fit faire ce changement ! Trop pressée d'établir une communauté de biens entre elle et son ami, Mlle Elise (c'est le nom que lui donna le concierge) s'était vue condamnée à une retraite de cinq ans, qu'elle subissait avec une résignation qui approchait de l'indifférence !.... Ce n'est pas la seule jolie femme que j'ai été étonné de rencontrer dans cette maison.

Une partie des prisonnières, en récréation dans la grande cour, formaient des contredanses, des farandoles, et laissaient éclater une joie immodérée. Un maçon, qui, en raccommodant un pan de muraille, faisait chorus avec elles, perd l'équilibre, tombe et se démet l'épaule.... Un cri perçant retentit dans toute la maison ; les jeux, les travaux sont interrompus ; tout le monde accourt, tout le monde veut être utile au blessé ; celle-ci le soulève, celle-là le soutient, les autres ne veulent céder à personne le soin de le porter à l'infirmerie. Il y arrive. Le chirurgien, qu'une des femmes est allé chercher, le panse et déclare que, sans être dangereuse, sa blessure va l'empêcher de travailler pendant quelques jours ; à l'instant même une des plus alertes s'empare du chapeau du blessé ; elle court solliciter la pitié de ses camarades, et au bout d'un quart d'heure elle revient apporter au maçon le produit de sa quête.... Il se montait à 77 fr. 35 c.... Les aurait-il trouvés ailleurs ?

En traversant les corridors, je remarquai au milieu d'une foule de prisonnières un homme d'un certain âge qui accueillait leurs réclamations avec cette bonté qui fait tant de bien aux malheureux. Il consolait celles qu'il était obligé de refuser, et se chargeait de plaider la cause des autres auprès de l'autorité. Il annonça à l'une d'elles sa sortie pour la semaine suivante. « Oh ! dit celle-ci en sautant, ça ne pouvait pas me manquer, je l'avais lu dans les cartes ce matin.... » Cette fureur d'interroger l'avenir fait partie essentielle des amusemens des prisonnières. Elles reconduisirent, en le bénissant, l'homme qui venait de leur parler. Je le vis plusieurs fois mettre la main à sa poche, et l'en retirer à la grande satisfaction de quelques femmes qui l'imploraient un peu plus vivement que les autres. Il paraît qu'il ne se bornait pas aux conseils... Le concierge m'apprit que ce monsieur était l'inspecteur-général des prisons, et j'entendis celles qui l'avaient entouré s'écrier : « Que Dieu nous le conserve long-tems ! »

Comme nous revenions sur nos pas, le son d'un piano me frappa; je crus me tromper, et je m'arrêtai... Le bruit de cet instrument me serra le cœur.... Il supposait dans la personne qui le possédait une éducation distinguée.... et l'éducation n'avait pu l'arracher à cette fatalité qui nous entraîne au crime !... Bientôt une voix fraîche et sonore retentit au milieu de ces voûtes, et vint mêler ses accens à ceux du piano. Au peu d'assurance du toucher, à la fraîcheur du chant, je crus deviner qu'une mère accompagnait sa fille... J'en fis l'observation à M. Boissel, qui confirma mes doutes, et me répondit que ces dames étaient dans la maison depuis plusieurs années ; que n'ayant pu supporter la perte de leur fortune, elles avaient cherché, par un moyen hardi, à en soustraire une partie à celui entre les mains de qui elle était passée. Découvertes pendant la conception du projet, elles avaient été arrêtées au moment de le mettre à exécution. — Bon! lui répliquai-je, je me rappelle cet événement, et je me souviens même qu'à cette époque quelques personnes ont paru regretter que l'autorité eût agi avec un peu trop de précipitation....

Un moment après, la jeune personne parut. Je n'osai pas la regarder dans la crainte de l'affliger. Tandis que je m'éloignais, elle s'approcha du concierge, et d'une voix dont le plaisir doublait l'émotion, elle le remercia d'un petit service que la veille il avait rendu à sa mère. Je lui sus bon gré de cette attention ; il y a dans la piété filiale une vertu qui rachète bien des fautes.

« Je suis fâché que vous ne soyez pas venu

hier, me dit M. Boissel, vous auriez été témoin des leçons de notre digne ecclésiastique M. de V....; son zèle piéux, sa charité indulgente ont ramené à la vertu plusieurs jeunes prisonnières qu'avaient égarées l'attrait du plaisir et la force de l'exemple. Quelques-unes, instruites par ses soins, se disposent à faire leur première communion dimanche prochain. »

Je regrettai, ainsi que M. Boissel, de m'être présenté un jour trop tard, et je me disposai à prendre congé de lui. Cependant, avant de partir, je fus encore témoin de l'entrée et de la sortie de deux prisonnières. Les larmes de l'une, la gaîté de l'autre, la désolation de celle qui arrivait, les consolations burlesques de celle qui partait et soutenait que la maison était trop bonne pour qu'elle n'y revînt pas, l'intérêt que les prisonnières témoignèrent à leur nouvelle camarade, qu'elles accablèrent de questions; la petite contribution de vin, de sucre, de tabac qu'elles levèrent sur toutes pour la lui offrir, les commissions ridiculement importantes dont elles surchargèrent celle qui, en sortant, n'oublia pas de leur dire : *Au re-*

voir ; ce mélange de bonté et d'insouciance, cet oubli de leur propre malheur pour ne s'occuper que de celui d'une autre ; tout cela formait un mouvement singulier, un contraste original, dont on se ferait difficilement une idée.

N° VIII. — 23 *septembre* 1817.

UNE ANECDOTE

DE CE TEMS-CI.

> Les hommes d'affaires sont-ils plus dangereux qu'utiles ? Qui croirait qu'une pareille question a été résolue affirmativement par ceux mêmes qui ne peuvent s'en passer ?
>
> B.

Il y a vingt-cinq ou vingt-six ans qu'un M. de Rosanges fut forcé de quitter la France et de passer chez l'étranger. Un plus long séjour dans sa patrie eût exposé la vie de cet excellent homme, qui, d'ailleurs, pensait que cet exil prudent ne serait pas de longue durée. En conséquence, les préparatifs de son départ furent faits dans le plus profond mystère. Personne ne soupçonna les projets de M. de Rosanges, et ce fut par le plus grand hasard du monde qu'à l'instant où il montait en chaise de poste, Jacques et Clément Bidaut s'offrirent à ses regards.

Ces deux frères étaient les fermiers de M. de Rosanges. Depuis long-tems ils tenaient à bail la majeure partie de ses propriétés ; une mauvaise récolte avait apporté du retard dans leurs paiemens, et ils venaient à-la-fois s'acquitter des deux années qu'ils lui devaient. Quelques heures auparavant, cet argent fût arrivé fort à propos ; mais le départ de M. de Rosanges ne pouvait être différé d'une minute ; des dangers de toute espèce le menaçaient, et, dans l'impossibilité où il se trouvait d'accueillir ses fermiers et de recevoir le prix de la location de leurs fermes, il les congédia en leur disant : « Je pars ; mon absence ne sera pas longue ; mais si, contre mon attente, elle se prolongeait au-delà du terme que mes espérances lui ont assigné, je vous écrirai. Gardez cet argent comme un dépôt que je confie à votre probité, et qui pourra m'être un jour beaucoup plus utile qu'à présent. Continuez de veiller avec soin sur mes fermes ; cachez mon départ à tout le monde ; la moindre indiscrétion me serait fatale, et vous ne voudriez pas causer la perte d'un maître qui vous aime. — Ah! mon bon Monsieur, s'écrièrent à-la-fois les deux frères, plutôt mourir que de vous occasionner le moindre chagrin. Je garderons les dix-sept mille francs que je venions vous apporter jusqu'à ce que vous ayez eu la complaisance d'en ordonner autrement ; ils seront toujours à votre disposition, parce que, voyez-vous, sous quelque prétexte que ce soit, cet argent ne sortira jamais de nos mains ; j'en fesons le serment. » Ils levèrent en effet leurs bras vers le ciel, et restèrent machinalement dans cette attitude jusqu'au moment où ils perdirent la chaise de vue.

La précipitation avec laquelle M. de Rosanges avait été contraint d'abandonner son pays et sa famille, ne lui avait pas permis de mettre ordre à ses affaires. Le secret qu'il avait résolu de garder sur sa fuite lui en refusait la possibilité ; aussi ses ennemis, trompés par son apparente tranquillité, n'apprirent son départ que lorsqu'il n'était plus en leur pouvoir de l'empêcher. Leur haine active ne cessa pas de le poursuivre ; le nom de M. de Rosanges fut inscrit sur une liste de proscription, ses biens saisis, vendus, sa famille inhumainement dépouillée ; ses débiteurs furent obligés de déclarer à l'autorité de quelles sommes ils lui étaient redevables, et M. de Rosanges perdit en un jour le titre de français et la qualité de propriétaire.

Plusieurs de ses amis, quoique indignés d'une pareille injustice, s'empressèrent de rendre au gouvernement l'argent qu'ils avaient emprunté à M. de Rosanges ; d'autres encore, plus craintifs, n'osèrent se déclarer les créanciers de l'Etat, qui s'était emparé des biens de leur ami ; il est vrai qu'intérieurement ils ne renonçaient pas à exercer leurs droits contre lui dans des tems plus heureux. Ce que par corruption on appelait alors l'autorité vint à savoir, je ne sais comment, que les deux frères Bidaut, auxquels on avait soufflé le bail des fermes de M. de Rosanges, étaient restés ses débiteurs. L'ordre fut aussitôt donné d'arrêter Clément, qui se trouvait à Paris. Tour-à-tour interrogé, flatté, menacé, le pauvre Clément, qui s'obstinait à nier sa dette, fut jeté dans une des mille prisons que la capitale avait le bonheur de posséder à cette époque. On le prévint que sa captivité cesserait à l'instant même où il déclarerait ce qu'on avait tant d'intérêt à savoir. Clément ne tint compte de cet avis; et, satisfait d'avoir rempli son devoir, il se résigna gaîment à son sort.

Jacques cherchait par tous les moyens possibles à adoucir la triste situation de son frère; il lui faisait passer des secours de toute espèce; mais, pour tout l'or du monde, il n'aurait pas touché au dépôt qui lui avait été confié. L'absence de M. de Rosanges ne devant plus avoir de terme, il avait usé de toutes les ruses imaginables pour se procurer de ses nouvelles, et n'avait pu en obtenir. M. de Rosanges, loin de prévoir les événemens cruels qui suivraient sa fuite, s'était bercé de l'espoir de rentrer en France l'année suivante; il n'avait pas calculé au-delà, et s'était trouvé fort embarrassé lorsqu'il eut appris la position dans laquelle ses ennemis l'avaient placé; il n'osait écrire dans la crainte de compromettre ceux à qui ses lettres seraient adressées: ce motif généreux lui imposa un silence absolu; Jacques avait beau se tourmenter pour découvrir le lieu de la résidence de son ancien maître, il échouait dans toutes ses démarches. M. de Rosanges était malheureux; personne ne savait son adresse.

L'obstination de Clément triompha de ses persécuteurs ; ne pouvant le faire parler, ils lui rendirent la liberté ; mais ce brave homme, victime de l'insanité du lieu où il avait été renfermé, ne tarda pas à payer de sa vie son dévouement à M. de Rosanges ; épuisé de fatigues et de privations, il mourut dans les bras de son frère, auquel il recommanda de nouveau de garder religieusement son secret.

Cette recommandation était inutile ; Jacques, fils d'un pauvre fermier des environs de Lagny, n'avait reçu aucune espèce d'éducation ; mais la nature lui avait donné un sens droit, un caractère plein de raison et de probité ; la vertu était une chose facile pour lui ; dès son enfance il en avait fait entrer la pratique dans le nombre de ses devoirs, et jamais il ne lui était venu dans l'idée de se soustraire aux obligations qu'elle impose ; quoique, d'après sa propre expérience, il dût penser que chaque jour rendait plus difficiles les moyens de découvrir M. de Rosanges, et que plusieurs personnes lui eussent fait entendre qu'on devait croire qu'il avait succombé sous le poids de ses malheurs, Jacques n'eut pas une seule fois la tentation de s'approprier une somme qui, dans une foule de circonstances, lui aurait épargné bien des chagrins.

Du produit de son travail et des restes de la succession de son père, Jacques avait acheté une petite ferme auprès de Roissy ; il y vivait dans une médiocrité à laquelle son économie donnait un faux air d'aisance. Son cœur, qui n'avait pas encore ressenti les douces impressions de l'amour, s'ouvrit bientôt aux charmes de ce sentiment délicieux. La fille d'un de ses riches voisins, Rose Delaunay, lui inspira une passion véritable ; elle-même ne put résister long-tems au penchant qu'elle avait fait naître. Les deux amans étaient au comble de la joie ; tout semblait concourir à leur union prochaine : un événement fâcheux menaça de détruire leur bonheur. Le feu prit à la grange de Delaunay ; un incendie affreux le réduisit presque à l'indigence. Jacques se hâta de venir à son secours ; mais ses moyens étaient bornés. Un fermier des environs, qui n'avait pu parvenir à faire accepter son hommage à Rose, vint la demander à son père, en lui proposant de rebâtir, à ses frais, la grange qui venait d'être incendiée, et de lui prêter une somme de deux mille écus pour réparer ses pertes. Dans la circonstance désastreuse où se trouvait Delaunay, une pareille offre était faite pour le séduire ; il ne put s'empêcher de parler à Jacques, en lui laissant apercevoir le peu de répugnance qu'il éprouverait à profiter des bonnes dispositions du fermier Durand. Un soupir fut la seule réponse de Jacques. Avec moins de vertu, il aurait pu posséder l'objet de son amour. Personne ne connaissait l'existence du dépôt qu'il avait entre les mains.... Le silence du propriétaire l'autorisait, pour ainsi dire, à en disposer. Cette pensée, qui aurait germé dans le cœur de mille autres, n'osa point approcher du sien ; il fit à son devoir, non sans regrets, mais avec courage, le sacrifice du bonheur de sa vie.

Le père Delaunay avait fini par accepter les propositions de Durand. Le jour des fiançailles était arrêté : tout le village partageait la douleur de Rose, qui ne cessait de se désoler. Un secret pressentiment la conduit vers la demeure de Jacques ; elle l'aperçoit, triste et rêveur, assis sur un banc de pierre à l'entrée de son jardin..... Elle s'approche..... Il parle !.... Elle écoute !..... Elle a reçu la confidence de son secret ; un cri lui échappe !.... Pénétrée d'admiration pour l'homme qui préfère à tout l'honneur obscur d'une conduite irréprochable, elle court se jeter aux genoux de son père ; elle lui raconte, les larmes aux yeux, tout ce qu'elle vient d'apprendre ; elle exhalte l'héroïque sacrifice du pauvre Jacques ; elle déclare que jamais elle ne consentira à se séparer de lui. La véhémence de ses prières, la chaleur de ses discours, cette force de persuasion qui naît de la vérité, ébranlent les résolutions de Delaunay. Il relève sa fille, l'embrasse, la console, et, entraîné par l'exemple d'une bonne action, il consent à recevoir Jacques pour son gendre. La vertu ne porte pas toujours malheur.

La délicatesse de Jacques fut encore mise à de rudes épreuves. Deux fois victime des malheurs que les invasions traînent à leur suite, il vit sa chaumière pillée, saccagée, ses champs ravagés ; et deux fois abandonnant sa propriété pour veiller sur le dépôt sacré qui lui avait été confié, il préserva du danger la seule chose qui lui fût étrangère.

Son beau-père, qui en donnant des louanges à sa conduite ne pouvait cependant s'empêcher de blâmer l'excès de sa probité, voulut savoir jusqu'à quel point on devait respecter un dépôt de vingt-cinq ans. Il consulta un homme d'affaires dont l'habitude était de songer aux siennes en s'occupant de celles des autres. Cet homme lui prouva, plus encore par des exemples que par des raisonnemens, qu'un dépôt de vingt-cinq ans a toutes les qualités d'une chose perdue ; et, comme elle, appartient de droit à celui qui s'en trouve nanti. Fier de cette consultation, qu'il a payée comptant, Delaunay la rapporte à son gendre, qui venait de faire une découverte d'une autre espèce.

En parcourant les journaux, Jacques avait aperçu le nom de Rosanges. Il pousse un cri de surprise et de joie ; il endosse son habit des dimanches, et court à l'adresse énoncée sur la feuille. Après quelques difficultés, il parvient jusqu'au maître de la maison.... C'est un jeune homme de vingt-six ans. Jacques croit se tromper ; il se rappelle que son ancien maître n'avait pas d'enfans !...« C'est vrai, répliqua avec bonté le jeune de Rosanges ; je ne suis que son neveu ! — Et comment se porte-t-il, ce digne

Monsieur ? — Il est mort ! — Mort, répéta
Jacques en soupirant. — Il ne reste que moi de
sa famille ; j'ai hérité de son nom, de ses titres
et du peu de biens que par mégarde on lui
avait laissés en France. — Dieu soit loué! reprit
Jacques, je viens ajouter quelques écus à ce
bien-là. — Vous ! — Moi-même. Feu votre
oncle, mon maître, m'a laissé une somme de
17,000 fr., dont je vous tiendrai compte. —
Quoi ! depuis vingt-six ans ? — Elle est intacte ;
je n'y avons jamais touché. — Brave homme,
dit Rosanges en lui tendant la main droite, et
en essuyant avec l'autre quelques larmes qui
mouillaient sa paupière, votre action si noble
et si franche me cause une surprise, un attendrissement!... Cependant, si j'en crois ce costume, vous habitez la campagne ? — Oui,
Monsieur. — Vous avez dû éprouver des pertes,
des embarras, et cet argent ? — Croyez-vous
donc, Monsieur, que j'irions, pour réparer
mes malheurs, fouiller dans la poche du voisin. —
Mais.... — Il n'y a point de différence pour moi ;
un dépôt est une chose qui ne nous appartient
point. Je serais mort de faim avant que d'y toucher ; cet habit n'annonce point l'opulence ;

mais il couvre le cœur d'un honnête homme... »

M. de Rosanges ne se lasse pas d'entendre et d'admirer cette rustique vertu ; il transcrit l'adresse de Jacques, et l'assure qu'un de ces matins il se fera un plaisir de lui rendre une visite. Jacques prend congé de lui, et regagne en chantant sa chaumière. « Que t'est-il donc arrivé d'heureux ? lui dit son beau-père. — J'ai retrouvé M. de Rosanges, » répond Jacques... Et sa femme se jeta dans ses bras.

Jacques venait à peine de sortir de l'hôtel de Rosanges lorsque l'homme d'affaires y entra. C'était le même que Delaunay avait consulté. M. de Rosanges lui fit part de l'heureux événement qui lui arrivait. « Diable! dit l'homme d'affaires.... 17,000 fr.!.... au bout de vingt-six ans !.... c'est incroyable ! Nous sommes dans le siècle des prodiges !.... » Tout-à-coup il s'arrête ; son front se rembrunit ; un sourire diabolique fait grimacer sa bouche, d'où sortent ces mots, prononcés avec une adresse infernale : « Cet homme-là a pensé que vous aviez des titres. — Aucun. — Que vous saviez que M. votre oncle lui avait laissé cette somme. — Je l'ignorais. — C'est ce dont il ne se doutait pas ; mais, dans cette restitution, il a oublié une chose. — Comment ? — Il n'a pas parlé d'intérêt, et les intérêts de vingt-six ans doublent un capital. — Y pensez-vous ! — Ce cher homme n'a pas été sans faire usage de ces fonds. — Il m'a juré le contraire. — Fiez-vous à cela. — Son action est une preuve.... — D'adresse. Ecoutez donc : vous êtes jeune ; vous n'entendez rien aux affaires. Tout argent placé doit rapporter intérêt. Or, cet argent.... — Etait un dépôt. — C'est ce que nous verrons plus tard, avec votre permission. Je prendrai des renseignemens sur ce garçon-là, et puis ensuite nous causerons ; nous lui donnerons du tems. Vous devez bien croire que je suis fort éloigné de lui faire de la peine.... Mais vos affaires sont les miennes, et je dois y veiller. Vous me remercierez un jour de l'intérêt que j'y prends. » Et en disant ces mots, l'homme d'affaires disparaît.

Le surlendemain, M. de Rosanges dirige ses pas vers la chaumière de Jacques... Il entre... Une famille en pleurs se jette à ses genoux. Quelle est sa surprise, son mécontentement, en parcourant une lettre de son homme d'affaires qui réclame les intérêts, et, dans le cas d'un refus, menace de toutes les poursuites injustes de la justice!.... Son indignation redouble lorsqu'en laissant échapper le nom de ce misérable, le vieux Delaunay le reconnaît pour l'honnête conseiller qui assimilait les dépôts de vingt-cinq ans aux effet perdus... Il s'empresse de consoler une famille qui présente à ses yeux l'image si rare de misère et de la probité ; il ne veut pas l'humilier par le don de ce dépôt, objet de tant de peines et de chagrins ; mais il se déclare son protecteur, et sur-le-champ il offre à Jacques la place de concierge de son château de Saint-.... Le jour même, l'homme d'affaires reçut l'ordre de ne plus se mêler de celles de M. de Rosanges.

Si j'en excepte cette dernière circonstance, je puis garantir la vérité de cette anecdote.

N° IX. — 30 *septembre* 1817.

LES DEUX ENFANS.

> La nature nous donne la vie comme on prête l'argent, sans fixer le jour auquel ou doit le rendre.
>
> C.

« Quoi ! Monsieur, vous voilà déjà de retour !.... (me dit André, ce vieux serviteur avec lequel mes lecteurs ont déjà fait connaissance). Le baptême est-il ajourné ? l'enfant est-il malade ? sa mère est-elle en danger ?.... ou venez-vous seulement faire une nouvelle toilette pour assister à la cérémonie ?.... » La curiosité n'est pas un des moindres défauts d'André; peut-être s'en serait-il corrigé sans moi, qui ai pris l'habitude de répondre à ses questions : ce qui lui procure l'occasion d'en faire d'autres. D'ailleurs c'est toujours avec un son de voix si mielleux, un air d'intérêt si pressant qu'il s'informe de ce qu'il veut savoir, qu'en vérité il y aurait quelque ingratitude à ne pas le satisfaire.

Les questions d'André étaient justifiées par l'espèce de contrainte que je paraissais éprouver. Il connaissait le motif de ma sortie, et devait en effet être étonné de me voir rentrer si tôt. Ma famille comptait au nombre de ses membres deux nouveaux venus, qui avaient fait leur entrée dans le monde la veille. Madame la comtesse de Lescare, l'une de mes plus jolies cousines, était accouchée d'un enfant charmant; c'est chez elle que je m'étais rendu le matin. Je devais le soir aller présenter mes félicitations à madame Lemaire, femme d'un petit commerçant de la rue des Bourdonnais, qui, en moins de huit ans de mariage, a obtenu cinq fois les honneurs de la paternité. La comtesse n'était mariée que depuis treize mois; sa grossesse avait été annoncée avec éclat dans la famille; l'époque de sa délivrance devait être signalée par des fêtes brillantes, et c'est en raison de ces dispositions, dont il avait eu connaissance, qu'André, surpris de mon retour, m'interrogeait avec inquiétude sur l'événement qui en était cause.

Je n'étais pas homme à garder le silence ; André le savait, et le cou tendu, les mains croisées sur la poitrine, mon vieux serviteur attendait avec résignation le moment où il me plairait de l'instruire ; un sourire tant soit peu malin me prouvait qu'il comptait sur ma complaisance accoutumée.

« Tu sais, lui dis-je, que M. le comte de Lescare appartient à une des plus anciennes familles du Périgord ; ses titres prouvent l'illustration de ses ancêtres ; les places qu'il occupe, le rang qu'il tient dans le monde, sont les garans de ses talens ou de sa faveur. Jeune encore, il a épousé par amour une de mes cousines, qui possède des biens immenses. Cet hymen, formé sous les plus doux auspices, a été suivi de jours heureux ; la fortune embellit jusqu'à l'amour.

» Nos jeunes époux, entourés de plaisirs et de distractions, n'ont pas cessé de s'aimer ; les obligations imposées au comte par les devoirs de sa place, par l'espérance d'en obtenir de plus importantes, les soins minutieux que réclame son ambition, l'ont éloigné souvent d'une épouse adorée; mais ils n'ont servi qu'à rendre plus agréable le moment du retour, et peut-être ma jolie cousine doit-elle à ces heureuses absences la constance d'un sentiment qui ne s'est point encore démenti. Un événement vivement désiré vint encore ajouter à la tendresse du comte. La grossesse de sa femme comblait ses vœux les plus chers. Dès qu'il en eut acquis la certitude, il redoubla d'égards, d'attentions; il épargna à la comtesse la plus légère fatigue. Ses amis étaient priés de ne l'entretenir que de choses riantes, que d'objets agréables; la prévoyance du comte était allée jusqu'à défendre sa porte à un de ses amis de collége, sous prétexte de certains mouvemens convulsifs auxquels la comtesse n'avait jamais fait attention, mais qui, dans sa position, n'étaient plus sans danger pour elle. C'était un fils que le comte voulait. Je ne sais pourquoi il s'habitua à penser que sa volonté devait être accomplie; mais tout le tems que dura la grossesse de sa femme, il ne cessa de se bercer de cet espoir. De graves médecins, consultés, avaient, par l'ambiguité de leurs réponses, entretenu les espérances du comte.

» Une célèbre nécromancienne, qui tenait ses assises non loin de l'hôtel, interrogée en secret par la crédule comtesse, lui avait prédit, *argent comptant*, le plus beau garçon du monde. On sent qu'avec des probabilités de cette espèce, le choix d'un parrain devait offrir de grandes difficultés. On ne le pouvait prendre que parmi les seigneurs de la cour; mais encore fallait-il beaucoup de prudence et de réflexion pour donner à la famille un protecteur, à l'enfant un patron. Il fallait allier ensemble la vanité et l'intérêt, mariage plus difficile qu'on ne croit.

» Trois fois le nom du parrain fut définitivement arrêté, trois fois on fut obligé d'en changer pour des causes majeures que l'on n'avait pu prévoir. Le premier s'était retiré de la cour, le second était en opposition avec le ministère, et l'on jetait en public des doutes sur la faveur du troisième. Enfin, le choix tomba sur le jeune maréchal ***; fortune, dignités, il possédait tout, et l'on pouvait raisonnablement fonder de grandes espérances sur la réunion de ces trois avantages.

» Plus le terme de la grossesse de sa femme approchait, et plus le comte témoignait de satisfaction. Je le vis la veille de l'accouchement; il était ivre d'espérance. La comtesse partageait sa gaîté ; elle souffrait avec une résignation charmante, et peu s'en était fallu que dans l'excès de sa joie elle n'eût consenti à allaiter son premier enfant.

» J'y suis retourné ce matin ; une longue file d'équipages, et sur-tout l'activité des gens de l'hôtel, m'apprit ce dont je me doutais, que la jeune comtesse était accouchée. En traversant l'antichambre, j'ai rencontré la femme de chambre de Madame, à laquelle j'ai demandé des nouvelles de sa maîtresse. Son air semi-sérieux m'avait alarmé ; j'en ai été quitte pour la peur. « Mme la comtesse, a répondu Justine, est à merveille. — Et l'enfant ? ai-je ajouté, redoutant encore la tristesse dont le visage de Justine conservait l'empreinte. — Ah ! l'enfant, a-t-elle répliqué en soupirant, l'enfant se porte encore mieux que sa mère ; et sur-le-champ elle m'a quitté. Ses paroles m'avaient rassuré. Je me suis fait annoncer chez le comte; il y était. J'ai couru au-devant de lui pour le féliciter de l'heureux événement qui augmentait notre famille. — Ah ! mon ami, s'est-il écrié en m'interrompant, plaignez-moi; c'est une fille ! — Une fille ! — La comtesse et moi nous sommes attérés. — Comment ! est-ce que vous craindriez quelque chose pour cette pauvre petite ? — Au contraire, elle se porte comme un ange. On dit même qu'elle est fort gentille ; mais, mon ami, c'est une fille. Et le comte, en prononçant ces mots, avait l'air inconsolable.

» J'entrai chez Madame ; elle était sur son lit de parade, coiffée d'un joli bonnet de point d'Angleterre, qui lui allait à ravir. « Ah ! mon cousin, me dit-elle d'une voix lamentable, vous venez m'offrir des consolations » ; et comme une semblable expression me fit faire un mouvement de surprise : « Vous ignorez donc notre malheur, ajouta-t-elle : c'est une fille. — A votre âge, un pareil malheur est facile à réparer. — Mon mari est désolé. Nous avions formé des projets pour cet enfant ; son parrain nous avait fait les plus belles promesses. Enfin, tout est perdu : c'est une fille. » Au même instant l'enfant, qui était dans la pièce à côté, se mit à jeter quelques cris ; sa mère, dont ils renouvelaient la ridicule douleur, ordonna de loger la nourrice dans l'autre aile du bâtiment.

» Le valet de chambre du maréchal vint de la

part de son maître complimenter l'accouchée, et annoncer à Mme la comtesse que Son Excellence était obligée, à cause de son service particulier, de remettre au lendemain la visite qu'il se proposait de lui faire.

» Grâce à ce penchant qui porte à l'imitation, et qui nous rend faciles les mauvais exemples, les domestiques singeaient la tristesse de l'illustre couple ; on n'entendait que soupirs dans tout l'hôtel, et au moment où j'en sortis, le suisse répondait à un petit jockei qui venait s'informer, de la part de sa maîtresse, de l'heureuse issue de l'accouchement de madame la comtesse : « Mon ami, tu diras que mon maî-
» tresse il y est accouchée de presque rien : c'est
» une fille. »

» Je conçois maintenant le motif de votre mauvaise humeur, et la cause de votre prompt retour, me dit André. M. le comte ne mérite pas d'être père, puisqu'il met une si grande différence entre l'enfant qu'il désire et celui que le Ciel lui envoie. Mais puisque vous êtes en train de faire vos visites, que n'allez-vous sur-le-champ chez M. Lemaire, peut-être y trouverez-vous un spectacle plus digne de vous, des cœurs moins secs et une mère plus tendre. »

Je cédai sans peine au conseil d'André, et je m'acheminai vers la rue des Bourdonnais. Lemaire, qui est mon parent un peu éloigné, est un homme de trente-deux ans, très-simple, sans envie, sans ambition, faisant avec honneur et probité un petit commerce d'étoffes de soie, qui lui donne tout juste de quoi nourrir et élever sa famille. Il s'est marié à une jeune femme dont l'éducation a été soignée et qui lui est fort utile dans son commerce. Elle l'a rendu père de quatre garçons qu'elle a nourris elle-même, et entre lesquels elle partage sa tendresse. Lemaire et sa femme désiraient une fille, la nouvelle grossesse de Louise leur en avait fait concevoir l'espérance; mais ils n'avaient osé s'y livrer entièrement, dans la crainte que leur désir ne fût encore une fois trompé.

La boutique était fermée comme un jour de fête, cela me parut de bon augure. En montant l'escalier j'entendis rire à gorge déployée chez mon cousin Lemaire, et j'en conclus fort naturellement qu'il avait été plus heureux que le comte. Je fus obligé de sonner deux fois; la gaîté qui régnait chez lui ne m'avait pas permis de me faire entendre. On m'introduisit dans la chambre de l'accouchée, et l'époux vint à ma rencontre en me présentant gaîment le nouveau-né.... « Eh bien ! me dit-il, en voilà encore un ; j'ai eu raison de ne point m'abandonner à une fausse espérance ; le Ciel a résolu de ne m'accorder que des garçons ; je vous présente le cinquième ! — Comment ! c'est encore..... — Un garçon, dit vivement l'accouchée en montrant son petit bonnet bleu ! — J'ai cru à votre joie..... — Qu'il était le bien venu, et vous ne vous êtes pas trompé. Je crois en vérité, ajouta-t-elle en riant, qu'il sera le plus laid de la famille; mais, qu'importe, je ne l'en aimerai ni plus ni moins que les autres; » et elle le prit des mains de son mari, le baisa tout doucement, et le coucha à côté d'elle, en le regardant avec des yeux de mère.

Le parrain entra ; c'était un ami de la maison qui s'était offert lui-même : il venait de faire ses emplettes rue des Lombards; il arriva chargé de boîtes de confitures, de dragées de toute espèce ; il avait tout quitté pour passer la journée au milieu d'une famille à laquelle il allait appartenir par un de ces liens dont on ne respecte pas assez l'importance dans le monde.

L'enfant était revenu de l'église et de la municipalité; l'heure du dîner arrivait. Je cédai à l'invitation de Lemaire. Sa femme voulut être de la fête; elle fit dresser la table à côté de son lit, et ce repas, sans prétention, mais non pas sans gaîté, dura une grande partie de la journée. Le soir, je me plus à rendre compte à André des émotions que m'avait fait éprouver ce dernier tableau; je lui peignis la différence qui existait entre la manière dont les deux familles avaient accueilli la fille et le garçon qui contrariaient leurs désirs. J'allais entamer un long discours sur la cause de cette différence, lorsqu'il me ferma la bouche, en me disant : « Monsieur, rien n'est plus aisé à expliquer : l'un demandait un *héritier*, l'autre ne voulait qu'un *enfant*. »

HISTOIRE

D'UN HONNÊTE HOMME.

> J'en ai déjà touché l'argent ; il est en sûreté. J'ai quarante mille francs. Si ton ambition veut se borner à cette petite fortune, nous allons faire souche d'honnêtes gens.
> LESAGE, *Turcaret*.

J'AI reçu, relativement à mes derniers discours, plusieurs lettres remplies d'observations et de critiques aussi justes que bienveillantes. Une seule d'entre les personnes qui m'ont écrit à ce sujet, m'a fait connaître son nom, qui, dans mon opinion, ajoute beaucoup de poids à ses remarques ; les autres ont cru devoir cacher le leur sous des initiales qui ont lassé ma patience sans avoir satisfait ma curiosité.

Je n'aurais fait aucune mention de ces lettres, dont la plupart avaient pour principal but de m'indiquer de nouveaux personnages à peindre, ou d'appliquer un nom sous le portrait de ceux que j'ai tracés, si dans le nombre il ne s'en était trouvé une digne d'une attention particulière, par la singularité des événemens qu'elle contient et la situation aussi neuve que bizarre du personnage dont elle retrace l'histoire.

« On ne peut se défendre, mon cher Bonhomme, m'écrit mon correspondant anonyme, d'un sentiment pénible en lisant votre article sur les *honnêtes gens ;* on se trouve forcé d'avouer, ainsi que vous l'avez démontré, que la société honore de ce titre une foule d'individus dont les lois, la morale et la religion réclameraient avec justice l'utile et sévère punition. L'égoïsme a rendu tout relatif; les réputations elles-mêmes empruntent leur éclat de la position avantageuse dans laquelle se trouvent placés ceux à qui l'espérance et la flatterie ont intérêt de faire une renommée ; il n'y a point d'honnête homme à qui ses ennemis n'accordassent un brevet d'infamie; il n'y a point de fripon que ses amis ne revêtissent d'un manteau de probité. Vous l'avez dit dans un de vos précédens discours; on peut à Paris changer de réputation en changeant de quartier; que sera-ce donc si l'on change de climat? Le passé sera perdu pour nous; le misérable couvert d'or et chargé d'ignominie, en fuyant les lieux témoins de son crime, laissera la honte aux frontières, et porteur d'une vertu prouvée en billets de banque, ira s'associer insolemment aux honnêtes gens du pays où il est inconnu.

» Ce n'est pas tout-à-fait le cas où se trouve la personne dont je vais vous entretenir; cependant ces réflexions me conduisent naturellement à vous parler d'elle. Georges Thibaut avait reçu de la nature un de ces caractères faibles, susceptibles de toutes les impressions, qui se laissent indifféremment pousser vers le bien ou entraîner au mal, et qui, lorsqu'ils ont encouru de justes reproches, se justifient par l'intention. Une écriture lisible, une grande habitude de calcul lui avaient valu différentes places subalternes dans les administrations; partout on avait été content de son travail et de son exactitude. Mais comme l'intelligence de Georges était bornée, et qu'il n'avait point de protecteurs, son avancement était toujours incertain. Comptant sur la stabilité de son emploi, Thibaut s'était marié; il avait épousé une jeune personne jolie et sage, mais sans fortune. Cependant, avec une louable économie, il avait triomphé du besoin ; sa femme lui avait donné deux enfans charmans qui croissaient en dépit de tous les obstacles ; elle venait d'accoucher du troisième lorsque le pauvre Georges reçut sa démission. Le nouveau directeur d'une administration secondaire avait jugé à propos de signaler son arrivée par des réformes ; l'économie était à la mode : il mit d'un trait de plume cent personnes sur le pavé, et sentant intérieurement l'injustice d'une pareille mesure, il annonça qu'elle était irrévocable; c'est ainsi qu'on se débarrasse des réclamations.

» Le découragement ne remédie à rien; Georges ne se laissa point abattre; il frappa à toutes les portes : à la fin il s'en fit ouvrir une; c'était celle d'un fournisseur des vivres, dont la fortune était colossale, et qui cherchait un secrétaire pour faire la minute de ses lettres. Il exigeait qu'on sût écrire correctement sa langue, ce dont il se faisait assurer par un tiers. Il voulait, en outre, un homme qui pût tenir sa correspondance, le remplacer au besoin, rester au bureau du matin jusqu'au soir; et il offrait à la personne qui réunirait toutes ces qualités 1800 fr. d'appointemens, avec un espoir d'augmentation. Georges lui convenait sous tous les rapports; le fournisseur ayant appris qu'il venait d'être réformé, crut pouvoir tirer encore parti de sa mésaventure; en conséquence, il l'obligea de faire un surnumérariat d'un mois avant de prendre possession de sa place.

» Le fournisseur chez lequel travaillait Georges était un ancien domestique qui avait usé son dernier habit au service de M. le comte de Leyrac. Il avait eu l'espoir d'être valet-de-chambre lorsque la révolution arriva. Son maître quitta la France; Germain y demeura. Son industrie s'y exerça de toutes les façons; une prospérité constante le paya de tous ses efforts. Il soumissionna des fournitures, brocanta des hôtels, démolit des châteaux, et prit bientôt rang parmi les plus riches capitalistes de Paris. Il s'était montré digne de sa fortune par ses magnifiques extravagances; ses manières avaient perdu leur ancienne rusticité; audacieusement poli avec ses vieilles connaissances, il était sans façon avec les nouvelles; les femmes le trouvaient charmant, les hommes convenaient qu'il méritait presque son opulence, et petit-à-petit on s'était habitué à cette considération que commande et qu'obtient presque toujours la richesse, de quelque source qu'elle provienne. Germain, dont je tairai le nouveau nom, par égard pour quelques personnes qui, peut-être, ne m'en sauront aucun gré, Germain se *vautrait* dans son bonheur ; une circonstance faillit renverser l'édifice de son insolente prospérité.

» Non content des immenses bénéfices que lui procuraient ses marchés avec le gouvernement, Germain, devenu insatiable à mesure qu'il était devenu riche, s'était amusé de tems à autre à grossir ses comptes ; son imagination ingénieuse avait trouvé le secret de doubler le nombre des signatures de quelques employés supérieurs ; et le trésor, qui n'a jamais révoqué en doute l'exactitude des mémoires d'un fournisseur, avait payé à vue quelques états de fournitures qui n'avaient pas été fournies. Si Germain eût été assez prudent pour s'en tenir à ses premiers essais, rien n'aurait été découvert; mais il eut la fatale indiscrétion de recommencer, et soit que l'habitude lui eût gâté la main, soit que la facilité qu'il avait trouvée à faire admettre ses comptes lui inspirât un peu de négligence, il éprouva des difficultés qui l'effrayèrent.

» Douze cent mille livres de rentes forment une terrible masse de présomptions en faveur d'un accusé; c'est peut-être une des plus fortes preuves d'innocence qu'on puisse faire valoir aux yeux de la justice. Germain le savait; aussi son effroi ne fut-il pas de longue durée. Cependant, ayant appris qu'une plainte avait été portée contre lui, qu'on se proposait de l'arrêter, de vérifier ses comptes, et par suite de le forcer à une restitution secrète, il résolut de parer à tous ces inconvéniens. Dans cette intention, il sonda les dispositions de plusieurs de ses employés ; aucune ne lui étant favorable, il s'adressa à Georges. Il connaissait la situation fâcheuse de son secrétaire, les embarras de sa famille, la misère qui menaçait son existence ; et après un entretien préparatoire de quelques heures, il donna à entendre à Thibaut qu'il avait entre ses mains un moyen sûr d'améliorer son sort et celui de ses enfans. Sans s'expliquer tout-à-fait, Germain ne laissa pas que d'insinuer qu'il s'agissait d'un grand sacrifice, généreusement récompensé. Les mots tribunal, justice, détention, s'échappèrent tour-à-tour de sa bouche ; et en congédiant Georges, qui craignait de n'avoir pas trop bien compris le sujet de la conversation, il lui remit un exemplaire in-12 des cinq Codes, en l'engageant à lire avec attention les pages 617 et 618. Lorsqu'il fut arrivé chez lui, Thibaut ouvrit le livre à l'endroit indiqué. Il y était question de la peine encourue pour crime de faux en écritures publiques et privées. Ce fut un trait de lumière pour le pauvre Georges; il vit le précipice devant lui, et recula d'horreur.

» Thibaut avait refermé le livre; par un mouvement machinal, il le rouvrit; sans aucune intention, il parcourut des yeux les deux paragraphes; il les lut une seconde fois, puis une troisième; ensuite il referma le livre, et se mit à les répéter par cœur en arpentant sa petite chambre. Ses regards s'arrêtèrent sur les vêtemens grossiers de sa famille. Un soupir s'échappa malgré lui de sa poitrine, en comparant son costume à celui de Germain. Sa femme, accoutumée, résignée à toutes les privations pour elle, se plaignit de celles qu'enduraient ses enfans. « Si peu de chose les rendrait heureux ! » disait-elle. — Si peu de chose ! » s'écria Thibaut; et il sortit sans ajouter un mot.

» A la porte de chez lui, il rencontra un pauvre diable d'honnête homme qui mourait de probité; cette fin, qui menaçait également Thibaut et ses enfans, le fit frémir. A quelques pas de là, il fut salué par une espèce de fripon en voiture. Il réfléchit : tout le monde semblait éviter le premier; tout le monde paraissait, au contraire, jaloux de se faire remarquer par le second. Cette différence ne pouvait échapper aux regards de Georges. Comme il était absorbé dans ses pensées, il fut accosté par un homme qui lui apprit que ce riche personnage sortait de Sainte-Pélagie, où il avait acheté, par une détention de cinq ans, le droit de se moquer de son plus redoutable créancier. Rentré chez lui, Thibaut fut tout étonné d'apprendre que sa femme avait reçu la visite de M. Germain, qui lui avait témoigné un vif intérêt, et dont la généreuse sensibilité ne s'était point arrêtée à de stériles démonstrations.

» Georges passa une nuit affreuse; il ne put goûter un moment de repos. Cependant, après avoir pesé tous les avantages et les inconvéniens de sa conduite, il prit son parti, et courut chez son patron; celui-ci l'attendait avec impatience. Dès qu'il aperçut Thibaut, il courut au-devant de lui, le prit par la main, et après l'avoir forcé à partager un déjeûner servi avec goût et recherche, il lui demanda ce qu'il avait résolu ? — De vous servir, répondit Georges. — En vérité ! — J'ai lu avec attention le Code pénal ; je sais à quoi je m'expose en prenant pour mon compte les distractions qui vous sont échappées. — Distractions ! c'est bien le mot. — Dix ans de galères... — De travaux forcés...— Voilà la peine qui peut m'être infligée. — Encore peut-on la faire réduire ; des circonstances que nous trouverons la diminueront peut-être de moitié. — J'ai vingt-sept ans. — A trente-deux, vous sortirez environné de l'estime de vos chefs et de ma reconnaissance. — C'est elle seule que je sollicite. — Parlez. — J'ai une femme et trois enfans. — Charmans ; je les ai vus hier, et je vous promets de ne pas les abandonner. — J'exige que vous assuriez à ma femme dix mille livres de rentes, et à chacun de mes enfans vingt mille écus une fois payés. — Y pensez-vous ? — Les fonds en seront déposés demain chez un notaire. — Mais, mon cher, c'est exhorbitant ! — Plus.... — Encore ! — Vous me remettrez cent louis pour les frais de détention. — Ceci est plus raisonnable. — Mille écus après le jugement, afin d'adoucir les manières de celui qui sera chargé de son exécution. — Est-ce bien nécessaire? — Et mille louis à mon entrée au bagne pour favoriser ma sortie, et me procurer un passage à bord de quelque bâtiment américain faisant voile pour les Etats-Unis, où j'irai retrouver ma famille. — Vraiment, mon cher Thibaut, vous n'y pensez pas; tout cela fait un peu plus de quatre cent mille francs. — Je vous sauve l'honneur. — A merveille; mais, en conscience, cela ne vaut pas cela. Je me mets à votre place; je conçois les désagrémens de votre position : se voir accusé, condamné.... c'est fâcheux, sans doute; mais, quand on a la conscience pure, les jugemens des hommes nous importent peu.... D'ailleurs cela n'ira peut-être pas jusque là.... On peut trouver des moyens, des détours.... Vous sentez que je n'épargnerai rien.... Allons, allons, réduisez vos prétentions..... D'ailleurs vous êtes un peu compromis dans l'affaire.... Vous teniez mes livres.... Je ne dis pas cela pour vous fâcher; mais il me semble qu'en mettant le tout à deux cent mille francs, c'est une fort belle opération pour vous!.... Bien des gens voudraient être dans une pareille passe..... Moi-même, si je n'avais pas de fortune... Mais, par malheur, j'en ai une, et c'est pour la conserver que je fais ce sacrifice. — Thibaut sourit avec dédain ; et, prenant un ton plus sérieux, il signifia à son patron que sa résolution était invariable. Ce dernier essaya encore d'obtenir quelque diminution ; il fit valoir les chances d'un acquittement sur lequel il ne comptait guère ; mais voyant qu'on ne voulait pas lui faire meilleur marché de son honneur, il accepta toutes les conditions qui lui avaient été imposées.

» Au bout de quelques jours, les soupçons furent adroitement dirigés sur Georges. On l'arrêta : il fut jugé, condamné. Tout le monde l'abandonna, et plaignit le fournisseur Germain d'avoir si mal placé sa confiance. Il reçut avec dignité les complimens de condoléance qui lui furent adressés, et s'acquit une réputation de bienfaisance en faisant remettre publiquement à Thibaut les cent louis dont ils étaient convenus secrètement.

» La femme et les enfans de Georges étaient partis dès le commencement d'un procès dont il était facile de deviner l'issue. Ils emportaient avec eux le prix du déshonneur de leur époux, de leur père. Ils arrivèrent à Philadelphie, où ils s'établirent sous des noms supposés.

» C'est là qu'au bout de dix-huit mois le malheureux Georges vint les rejoindre. Personne ne s'est douté de son aventure. Il y vit très-retiré, donnant à ses enfans, à l'abri de la misère et de la séduction, une éducation et des principes plus solides que ceux qu'il avait reçus. Il se fait aimer, estimer par sa conduite, tant il est vrai qu'il y a des hommes à qui il ne manque qu'un peu de fortune pour être tout-à-fait d'honnêtes gens. »

Telle est l'anecdote qui m'a paru mériter d'être mise sous les yeux de mes lecteurs..... Je me suis borné à leur cacher le nom des deux héros.

N° XI. — 20 *octobre* 1817.

UNE ÉGLISE DE PARIS.

—

Ne vous fiez pas à ce vain simulacre de piété.
Saint-Ch....

Le ballet de *Psyché* venait de finir; on sortait de l'Opéra. En suivant la foule, je me trouvais placé derrière un vieux colonel qui donnait le bras à une jeune femme de la plus jolie figure. Je l'avais déjà remarquée dans une petite loge de face aux premières, où, durant une grande partie du spectacle, et sur-tout pendant les momens qui captivaient davantage l'attention de son voisin, elle dirigeait sa lorgnette sur le coin de l'orchestre, du côté du Roi. Là, se trouvait un aide-de-camp du maréchal *******, qui, par hasard, avait aussi les yeux sans cesse fixés sur la loge du vieux colonel, et ne voyait le spectacle que lorsque celui-ci cessait de le regarder. Ce petit manége m'avait long-tems occupé; il m'avait distrait de l'ennui que me causaient les éternels *Prétendus*, et, pour la première fois de ma vie peut-être, je craignais que l'Opéra ne finît trop tôt.

En descendant, j'aperçus notre observateur nonchalamment adossé à une des colonnes du péristyle ; la jeune femme, que la foule incommodait sans doute, se jeta à l'écart ; et, probablement sans intention comme sans malice, dit d'un air fort léger, mais d'un ton assez haut pour être entendu de quelques voisins : « On assure qu'il y aura demain une fort belle messe à Saint-Roch. — C'est possible, répondit le colonel ; mais mon service m'appelle aux Tuileries, et je ne les quitterai pas de la journée. — Je me propose d'y aller, répliqua-t-elle, en laissant tomber ces paroles comme si elles n'eussent dû arriver qu'à l'oreille d'une seule personne. »

Il faut que le mot le plus indifférent ait un grand pouvoir dans la bouche d'une jolie femme, puisque celui-ci changea toutes mes dispositions pour la journée du lendemain. Je ne parle pas de l'effet qu'il produisit sur le jeune aide-de-camp ; mais à la manière dont il remercia des yeux celle qui venait de le prononcer, je conclus que notre militaire avait le projet de l'édifier par sa dévotion.

Saint-Roch est une des plus vastes et des plus riches églises de la capitale. Dans un tems où l'on ne s'élevait qu'avec lenteur, ce qui rendait, peut-être, l'élévation un peu plus sûre, on mit plus d'un siècle à construire cet édifice religieux. Commencé en 1636, il ne fut achevé qu'en 1739. Son enceinte a servi de tombeau à quelques-uns des grands hommes dont la France s'honore. Corneille, le Nôtre, Maupertuis y reposent à côté du comte de Rantzau, du maréchal d'Asfeld, de la princesse de Conti, fille d'un monarque dont la grandeur semble avoir légitimé les faiblesses. Cette coutume dangereuse de peupler l'église de morts a long-tems duré en France. L'orgueil et l'avarice contribuèrent à la perpétuer. On achetait au poids de l'or le stérile honneur de placer son tombeau dans la maison du Seigneur ; et dans le même temple où le prêtre retraçait à notre cœur le tableau de ces vertus modestes qui plaisent au dieu de la vérité, nos yeux étaient frappés de l'éclat des emblêmes de la vanité, de ces louanges mensongères déposées par l'adulation sur la tombe d'un grand dont le faste insultait à la simplicité de l'autel.

Dans la crainte de me laisser devancer par

nos deux jeunes gens, j'arrivai à Saint-Roch de bonne heure...... Je m'arrêtai un instant devant le portail. Les murs étaient couverts d'une multitude d'affiches dont l'indécente variété me déplut. L'itinéraire d'une procession se trouvait à côté de l'adresse d'un marchand d'eau de Cologne ; l'annonce d'une fête solennelle était au-dessous d'un prospectus du Voltaire en 50 volumes ; il ne manquait, pour compléter cet amalgame si bizarre, que les affiches de spectacles, qui étaient à dix pas de l'église.

Il y a deux époques de la vie où notre ame s'ouvre plus facilement aux sentimens religieux. La jeune fille offre à Dieu ses premiers vœux ; c'est à lui que son innocente ferveur recommande le soin de son avenir. Dans sa piété craintive, elle n'ose rien entreprendre sans s'être mise sous la protection céleste, à laquelle son jeune cœur rapporte tout le bonheur qui lui arrive. Le vieillard, triste et désabusé de toutes les illusions humaines, se réfugie dans le sein de la divinité, et lui confie ses chagrins ; la religion console de tous les regrets, parce qu'au-delà de la mort elle a encore placé une espérance.

L'office n'était pas commencé, le nombre des fidèles était peu considérable ; les yeux fixés sur leur livre, ils se recueillaient en silence ; j'en excepte cependant un jeune homme qui, appuyé sur un des piliers de l'église, tournait le dos au maître-autel, et regardait, avec une sorte d'impatience, les personnes qui entraient. Tout le monde ne vient pas à l'église pour assister à la messe, et il y a des gens qui n'aiment pas à prier seuls.

Le bedeau, que j'avais laissé à la porte, rentra. Il attendait un mariage ; ce fut un baptême qui se présenta. On n'est sûr de rien dans la vie. Je me trouvai à même d'apprendre que le nouveau-né était le fils d'un marchand de la rue Saint-Honoré, qui avait épousé, l'année dernière, une veuve de la rue des Boucheries ; que les deux époux vivaient dans la plus parfaite intelligence, malgré quelques nuages qui avaient obscurci les premiers jours de leur alliance. Le jeune homme qui était en faction derrière le pilier, s'était approché de nous. Je m'aperçus qu'il prêtait l'oreille à la conversation....... Bientôt il se mêla à notre entretien, ajouta quelques éloges à ceux que l'on donnait à l'accouchée, parut s'informer avec intérêt de sa santé, et demanda à l'un des témoins quels étaient les prénoms de l'enfant. Ayant appris que l'accouchée avait désiré qu'on lui donnât ceux de *Louis-Émile*, il se retira en nous saluant avec une émotion que ne semblait pas devoir causer une chose aussi indifférente.

Le baptême était à moitié, lorsqu'on vint chercher le sacristain de la part d'une dame qui, le matin, avait marchandé un enterrement, et n'était pas tombée d'accord sur le prix. Elle revenait faire de nouvelles offres; mais le sacristain ne voulait rien entendre. Il l'avertit que c'était à *prendre* ou à *laisser*. Il entra avec elle dans le détail de tous les objets qui étaient indispensables pour *enjoliver* la cérémonie, et donner une idée avantageuse de ceux qui héritaient du défunt. Ses observations étaient pleines de sens et de raison. Leur prix seul désolait la bonne dame, qui ne pouvait se résoudre à payer si cher l'enterrement d'un parent qu'elle n'avait jamais aimé; elle bataillait de toutes ses forces, et ne se serait peut-être pas décidée à faire ce sacrifice, si une personne de sa connaissance l'ayant aperçue, ne fut accourue pour prendre part au malheureux événement qui doublait sa petite fortune, et ne l'eût félicitée sur le chagrin qu'elle paraissait éprouver de la mort du cousin. Le désir de ne pas perdre sa réputation de sensibilité, de l'accroître même en cette circonstance, l'emporta sur l'économie qu'elle avait d'abord affichée. La facilité avec laquelle elle se rendit rappela au sacristain qu'il avait oublié deux ou trois objets de peu de valeur, que pour plus de régularité il s'empressa de remettre sur sa note. La bonne dame se fit honneur d'une ou deux larmes. Elle sortit en recommandant de se tenir prêt pour une heure, et de faire en sorte que le service eût toute la brièveté convenable.

Dans ce moment il se fit un petit mouvement dans l'église. On se portait vers la chapelle Sainte-Anne, où un enfant de chœur qui avait passé une soutane violette par-dessus un pantalon de nankin et des guêtres noires, allumait deux grands cierges, et disposait quelques chaises pour une cérémonie importante. Le suisse, en demi-toilette, s'avança; il partagea la foule, qui s'était recrutée en un instant d'une quantité prodigieuse de curieux. Bientôt parut un homme d'environ quarante ans, dont la physionomie froide ne réfléchissait aucun sentiment; ses yeux étaient recouverts de longs sourcils blonds qui donnaient à son regard quelque chose de douteux, son habit boutonné dessinait une taille longue et sans grâce; dans quelque minutes cet homme allait devenir l'époux d'une jeune personne de dix-neuf ans, dont le visage rayonnait de fraîcheur et de santé; dont les yeux, pleins d'esprit et de vivacité, peignaient à-la-fois l'innocence de ses désirs et le trouble de son ame. Une vieille femme donnait le bras au marié; elle se levait à tout moment sur la pointe du pied pour lui parler à l'oreille; au mouvement de ses lèvres, à l'expression de ses regards, il était facile à deviner la mère de l'épousée, qui suppliait son gendre de faire le bonheur de sa fille; c'était une tâche bien douce à remplir.

En attendant le prêtre, la noce s'assit dans la chapelle. Tous les yeux étaient dirigés sur la jeune mariée, que sa mère embrassa plusieurs fois avec tendresse. Le futur chiffonnait un gant blanc qu'il tenait à la main, et de tems en tems adressait presque indifféremment la parole à sa fiancée, dont le bouquet de fleur d'orange était dans une agitation continuelle. Les assistans tiraient entre eux l'horoscope du mariage, et cherchaient à deviner les raisons qu'on avait eues pour unir ensemble deux personnes dont le caractère paraissait si opposé. L'un voyait dans la jeune fille une victime de l'ambition paternelle ; l'autre soutenait que l'argent seul avait fait cet hymen. Je sus bon gré à une jeune femme de combattre l'opinion critique des observateurs, en avouant qu'elle devait le charme de sa vie à un époux qui, sous des traits peu flatteurs, cachait une ame passionnée, et joignait à la délicatesse des sentimens l'esprit qui les fait valoir, la bonté qui en éternise la durée ; elle me rappela ce joli mot de Mlle Pauline B****. « Le physique attire, mais il n'attache pas. »

Le prêtre arriva ; il était précédé d'un petit clerc de cinquante ans, en perruque ronde, en redingote grise, qui répondit la messe avec cette espèce d'insouciance que donne l'habitude. Sa figure rabougrie contrastait avec la physionomie noble et sévère de l'officiant. Lorsqu'au milieu de la messe on demanda aux époux s'ils s'engageaient à se rendre mutuellement heureux, j'entendis à quelques pas de moi une petite voix qui répétait avec ame le *oui* de la mariée. Je me retournai, et je vis..... la jolie dame de l'Opéra ; elle rougit en me reconnaissant, et se cacha précipitamment sous un long voile de dentelle. Ne voulant pas ajouter à son embarras, je cessai de la regarder.

En suivant les mariés à la sacristie, je m'aperçus que la jeune femme avait acquis un peu d'assurance, et qu'à son tour le mari lui témoignait plus d'égards ; ses attentions participaient à-la-fois de la tendresse et de la reconnaissance.

Au retour, je cherchai inutilement la personne qui, la première, m'avait inspiré l'idée de faire une station dans l'église de Saint-Roch ; elle avait disparu, il y restait peu de monde. Cependant j'y remarquai un vieil invalide prosterné devant la chapelle du Calvaire, offrant à Dieu les restes d'une vie qu'il a jadis employée à défendre son prince et l'Etat. Une dame aveugle se faisant lire l'office du jour en latin par un enfant de neuf ans, qui, ne comprenant pas ce qu'il lisait, s'amusait à en passer la moitié. Une jeune fille pleurant à chaudes larmes devant l'image de la Vierge, et distribuant avec effusion de cœur quelques pièces de monnaie aux pauvres adroits qui spéculent sur la piété.

Au moment où le mariage sortit de l'église, le convoi se présenta pour y entrer. Comme les

144 UNE ÉGLISE DE PARIS.

gens qui accompagnaient le défunt n'avaient rien de bien triste, et que ceux qui assistaient à la noce ne paraissaient par fort gais, personne ne fut frappé du contraste. Spectateurs indifférens, nous n'attachons d'intérêt qu'à ce qui nous regarde.

Quant à moi, persuadé que je n'ai esquissé qu'une partie des observations auxquelles peuvent donner lieu quelques églises de la capitale, je me propose d'y faire incessamment une seconde visite.

N° XII. — 27 *octobre* 1817.

DE LA NÉCESSITÉ

DE SAVOIR A QUI L'ON PARLE.

> Il ne suffit pas, pour l'utilité et pour l'agrément même de la société, de voir ce qu'on appelle d'honnêtes gens; il faut voir des gens honnêtes.
> La Bruyère.

LE talent et la richesse sont des passe-partout qui se font ouvrir bien des portes. A Paris, sur-tout, ils exercent un pouvoir illimité contre lequel personne n'ose élever la voix. La fortune y couvre bien des sottises; l'esprit y fait oublier bien des fautes; et, telle est leur influence, qu'on peut être impunément honnête homme, si l'on est spirituel ou riche.

La probité, sans doute, est une vertu fort agréable dans les personnes avec lesquelles nous avons affaire, mais très-inutile dans les relations de plaisir. « Je ne connais rien de plus triste que vos honnêtes gens, disait l'autre jour Mme de V.....; ils dansent mal, jouent petit jeu, et se refusent jusqu'à la plus légère épigramme; aussi je suis bien résolue de n'admettre à mes soirées que des gens aimables qui en doublent les agrémens. S'est-on jamais avisé de s'informer des mœurs d'un homme qui danse bien, de la probité d'un joueur malheureux? On admire le talent de l'un et le désintéressement de l'autre, en convenant que tous les deux ajoutent aux plaisirs de l'assemblée.

Ce n'est point sur ce qu'ils valent qu'on estime les gens dans la société, mais bien sur ce qu'ils rapportent; c'est ce qui fait qu'on use d'une grande indulgence à l'égard de ceux dont on espère tirer quelque parti. On ferme les yeux sur leurs défauts, pour ne les ouvrir que sur leurs agrémens; on oublie les torts du passé, quelques graves qu'ils soient, pour ne songer qu'aux avantages du présent. Dans le monde, on n'est sévère que pour ceux dont on n'attend rien; et comme le hasard, qui s'amuse à déjouer nos projets, a prouvé qu'il ne fallait désespérer de personne, on est tacitement convenu de ménager les petits dans la crainte qu'ils ne deviennent grands, les grands dans l'espoir qu'ils ne cesseront pas de l'être.

Il résulte de cette indulgence, presque générale, que la société se compose souvent d'élémens opposés, et que le nom du maître de la maison n'est jamais une garantie pour les personnes qu'on rencontre chez lui.

Je transcrivais machinalement ces réflexions, qui m'étaient suggérées par le souvenir d'une réunion dont j'avais fait partie la veille, chez M. d'H***, et dans laquelle j'avais trouvé quelques personnages dont je me suis fait un devoir d'oublier la figure pour ne pas les reconnaître ailleurs. Je m'apprêtais à offrir à mes lecteurs le tableau mouvant et le récit fidèle d'une soirée à la mode, lorsqu'un *Je veux le voir, j'ai besoin de lui parler*, prononcé d'une voix ferme, est venu frapper mon oreille. La porte de mon cabinet s'est ouverte, et André a annoncé M. de Soran, ancien officier de marine, que j'ai eu l'occasion de voir deux fois dans le monde, et qui s'est mis, sans façon, au rang de mes amis.

« Pardon, mon cher, me dit-il en s'asseyant,

je vous dérange peut-être ? » La politesse m'empêcha d'en convenir tout haut ; mais un petit tour de tête et mon silence répondaient pour moi. M. de Soran ne comprend que les paroles ; car il ajouta rapidement : « Non ? tant mieux ; j'aurais été au désespoir d'abuser de vos momens ; mais puisque j'ai le bonheur d'avoir saisi un de vos instans de repos, je vais en profiter pour vous raconter les accidens de ma soirée de lundi dernier. « Et comme j'ouvrais la bouche pour le prier de remettre son récit à une autre fois.... « Je sais ce que vous allez me dire, répliqua-t-il, aussi ma confidence sera entière, et je ne vous ferai pas même un secret du nom des personnes à qui j'ai eu affaire....

» Vous saurez donc, mon cher, reprit-il en s'emparant de ma plume que je venais de poser sur mon bureau, et en jouant avec elle jusqu'à la fin de son monologue ; vous saurez donc, mon cher, que je fus invité à dîner lundi dernier chez M. le comte de B...., homme d'un grand mérite, qui donne des fêtes charmantes, et à qui l'on pardonne son intégrité en faveur de son opulence. Je ne sais pourquoi je m'étais mis dans la tête qu'un grand seigneur de ce nom ne devait recevoir que des hommes d'une conduite irréprochable ; mais enfin lorsque j'arrivai chez lui, je me trouvai comme saisi d'un respect involontaire pour tous les invités ; presque tous les hommes étaient brodés, ce qui ajoutait intérieurement à mon estime pour eux. La plupart des femmes étaient jeunes et jolies, ce qui n'exclut pas la sagesse ; j'en avais distingué une dont les traits réguliers, la voix douce, le regard timide et baissé inspiraient une tendre émotion ; je me sentais attiré vers elle par un sentiment de préférence que je ne cherchai point à combattre, et ce fut moins le hasard que mon choix qui me plaça près d'elle au moment où la conversation eut pour objet l'éloge de son sexe. Je vis avec surprise que les jeunes gens, parcimonieux dans leurs louanges et prodigues d'épigrammes, traitaient l'amour et les femmes avec une légèreté dont celles-ci ne s'offensaient pas assez selon moi. J'ai de la reconnaissance, et je défendis avec chaleur les intérêts d'un sexe qui a répandu tant de bonheur sur ma jeunesse.... Le souvenir m'avait donné de l'éloquence ; entraîné par mon sujet, je peignis à ma manière les hommages dont on doit entourer une femme vertueuse ; je m'appesantis sur les égards, sur le respect que mérite une épouse fidèle, une tendre mère ; et comme je n'avais pris part à la discussion que dans le dessein de me faire remarquer de ma belle voisine, j'avais l'attention de terminer toutes mes phrases en me tournant de son côté comme pour solliciter son approbation..... Sa rougeur me paraissait d'un bon augure ; je m'embarrassais fort peu du sourire ironique qui errait sur les lèvres d'une partie de mes auditeurs, et des grimaces d'une vieille femme qui cherchait à couvrir mon panégyrique par les éclats redoublés d'une toux sèche. Je continuais impitoyablement, lorsqu'un domestique s'adressant à la maîtresse de la maison, annonça qu'on avait servi.... Je m'empressai de présenter la main à ma voisine, qui offrit la sienne à un jeune homme qui n'y prenait pas garde, et j'eus la douleur de voir qu'à table ses yeux ne s'arrêtaient plus sur moi qu'avec l'expression du dédain.

» J'avais à ma droite un homme d'une cinquantaine d'années ; il parlait d'or et d'argent. Sa conversation prouvait beaucoup d'habitude des affaires et une grande connaissance du commerce. Je n'eus pas de peine à m'apercevoir que mon voisin de droite était un négociant très-riche dont les spéculations avaient constamment été couronnées de succès ; je le félicitai de son bonheur, et pris sur-le-champ la parole pour exalter l'honorable profession de commerçant ; je m'attachai sur-tout à faire ressortir la considération que procurait à son propriétaire une fortune acquise par le travail, et garantie par une longue probité ; je m'étendis avec complaisance sur les avantages d'une réputation intacte, et d'une soigneuse fidélité à remplir ses engagemens.... Je ne sais pas par où j'avais pu blesser le négociant ; mais au milieu de mon discours, il me tourna le dos, et ne m'adressa pas la parole de toute la soirée.

» A ma gauche était un grand homme dont la boutonnière était garnie d'un petit bout de ruban rouge qui ressemblait à une faveur. Je saisis le premier prétexte qui se présenta pour entamer avec lui un entretien quelconque. Le général M.... ayant parlé du recrutement de l'armée, je préparai l'éloge de nos guerriers, et je ne pus m'empêcher de complimenter mon voisin sur l'honneur qu'il avait obtenu de partager la récompense des braves. Mon éloge ne fut peut-être pas exempt de quelques traits épigrammatiques contre les individus, qui, à force de bassesse et d'intrigues, étaient parvenus à en imposer à l'autorité, et à attraper la décoration; peut-être y avait-il dans cette partie de mon discours quelques expressions un peu trop vives.... Du moins, c'est ce que son silence à mon égard me fit soupçonner; car, au lieu de me répondre, il s'entretint pendant le reste du dîner avec un vieillard placé à sa gauche, et n'eut pas l'air de s'apercevoir que je lui eusse parlé.

» Isolé, repoussé de droite et de gauche, j'attendais avec impatience la fin du repas. Elle arriva enfin; on se leva de table; on passa dans le salon pour y prendre le café; la vieille femme aux grimaces cherchait à s'approcher de moi; c'était la seule qui parût animée de ce sentiment de bienveillance, et cependant je ne sais pourquoi je continuai de l'éviter.

» Les éloges ne m'avaient pas réussi; j'en ignorais la cause; mais je résolus de quitter mon rôle, et je pris le parti contraire: on parla d'une comédie nouvelle dont chacun des invités se plut à retracer le mérite des situations, l'élégance et la pureté du style ; je m'aperçus qu'un jeune homme que je ne connaissais point souriait à chacun de ces éloges, de façon à laisser soupçonner qu'il ne partageait pas l'avis général ; je me réunis à lui, et je hasardai quelques observations critiques dont la solidité étonna probablement l'assemblée ; car personne ne les combattit. Pour donner plus de poids à ma censure, j'interpellai le jeune homme, qui se contenta de répondre à chacune de mes objections par un *c'est possible*, qu'il prononçait avec une difficulté qui augmentait d'une manière sensible à chaque fois ; sa réponse finit même par ne pouvoir plus être entendue que de moi seul.

» Les admirateurs s'étaient dispersés ; la plupart étaient réunis devant un tableau qui était tombé en partage à M. le comte lors de la distribution des lots de la Société des Amis des arts. Tous les spectateurs louaient alternativement l'ordonnance du tableau, la netteté du dessin, la fermeté du pinceau, la vigueur du coloris de l'artiste. Un petit homme relégué dans un coin de l'appartement ne mêlait point ses éloges à ceux des autres convives ; je crus qu'il en désapprouvait l'exagération, et je me hâtai de signaler quelques-uns des défauts de l'ouvrage qui m'avaient le plus frappé. A peine avais-je ouvert la bouche que le petit homme rougit, se leva, et me jetant un regard de colère, quitta le salon pour passer au billard.

» Je l'y suivis. Etonné de sa conduite, et réfléchissant que l'amitié l'unissait sans doute au peintre que j'avais critiqué, je ne voulus pas revenir sur mes pas; mais je me promis bien de me taire sur tout ce qui s'offrirait à mes regards pendant la soirée. En effet, depuis une heure je remplissais scrupuleusement l'obligation que je m'étais imposée, lorsque la conversation étant, par hasard, tombée sur la fureur du jeu, qui s'est emparée de la société, chacun se mit à rappeler les gains et les pertes considérables de la semaine.... « On m'a assuré, dis-je en regardant avec une espèce d'embarras les dames, dont aucune ne m'était connue, qu'à la dernière soirée du duc de L**** la marquise de ****** a perdu deux mille louis.... — On s'est trompé, répliqua aussitôt une des plus jolies femmes de la société; je n'ai perdu que mille écus; le marquis vous l'attestera. »

» Cette réponse me déconcerta ; je m'éloignai, soupçonnant déjà une partie des maladresses que j'avais commises faute de savoir à qui je parlais... Comme j'y réfléchissais à demi-voix, la vieille femme, que j'avais évitée avec trop de soin, m'entendit, et s'approchant de moi : « Voilà, me dit-elle, ce que je voulais prévenir ; je me suis aperçue, dès votre entrée, que nous étions tous étrangers pour vous, et je voulais vous sauver les désagrémens dont vous avez été la dupe. En parlant tendresse maternelle, fidélité conjugale devant une jolie femme qui a quitté son mari et abandonné ses enfans, sous prétexte d'une passion invincible pour un jeune missionnaire, vous vous êtes fait une ennemie irréconciliable de Mme A****. Le gros N****, qui a manqué deux fois, ne vous pardonnera jamais votre éloge de la probité ; le grand G**** qui doit son ruban aux intrigues de la petite comtesse.... — J'y vois clair, repris-je, en saluant ma bienveillante interlocutrice, et je me sauvai en riant d'une maison où je venais de me faire une demi-douzaine d'ennemis en parlant honneur, vertu, probité à contresens.... Voilà, mon cher, les catastrophes de ma soirée.... Qu'en dites-vous ?

» — M. de Soran, répliquai-je en prenant la plume qu'il venait d'abandonner, si je ne craignais d'abuser de votre complaisance, j'écrirais sous votre dictée le récit de vos malencontreuses aventures. — Qu'à cela ne tienne, me dit-il, je vais recommencer.... C'est donc la relation de M. de Soran que j'offre à mes lecteurs, sans m'être permis d'y ajouter une seule observation. »

N° XIII. — 11 *novembre* 1817.

INSTITUTION DES AVEUGLES.

—

Que de maux différens les hommes ont à craindre !
Hélas ! quand nous naissons, que nous sommes à plaindre !
CHATEAUBRUN, *Philoctete*.

QUE faites-vous ce matin, *Bonhomme*? me demanda, vendredi dernier, Mme de Lescale, que je rencontrai sur le boulevard de la Madeleine, et qui, sans attendre ma réponse, m'annonça qu'elle exigeait que je l'accompagnasse dans un voyage de *long cours* qu'elle était obligée d'entreprendre à l'instant même. Il ne s'agissait de rien moins que de la conduire dans les environs du faubourg Saint-Marceau. La confiance avec laquelle Mme de Lescale m'avait adressé son invitation, son empressement à s'emparer d'un bras que je n'avais pas encore songé à lui offrir, me prouvèrent que mon refus n'aurait que le tort de l'affliger sans pouvoir la faire renoncer à son projet. J'appelai à mon secours la résignation, cette vertu dont on a tant d'occasions de faire usage dans ce monde ; et cédant, par habitude, au plaisir d'obliger une femme, j'ajournai au lendemain l'affaire importante pour laquelle j'étais sorti.

« Je dois, me dit chemin faisant ma compagne de voyage, vous faire confidence de l'objet de ma course, c'est d'une bonne action qu'il s'agit. — Cela ne me surprend point. — Il existe aux environs de mon château une pauvre femme qui semble destinée à épuiser tout ce que le malheur a de plus cruel. Les noms si doux de fille, d'épouse et de mère, n'ont été pour elle que des titres de douleur. A six ans, elle perdit son père qu'un tribunal d'assassins condamna à mort pour avoir sauvé la vie à un proscrit ; sa mère ne put survivre à ce triste événement ; elle mourut en recommandant la petite Madeleine (c'était le nom de la pauvre orpheline) aux soins de ses parens, qui lui promirent de ne jamais l'abandonner. Par malheur, l'enfant avait un peu de bien ; ce bien-là tenta deux oncles qui prirent tellement à cœur les intérêts de leur nièce, qu'au bout de six ans, et au moyen de quelques mémoires de frais pour la nourriture, l'entretien et l'éducation d'une paysanne qui mangeait à la table de ses parens, était vêtue des habits de sa mère, et avait appris à lire et à écrire chez l'instituteur du village, Madeleine fut débarrassée du soin de faire valoir son petit héritage. Un jeune cultivateur, qui avait autant de conduite que Madeleine avait de vertu, mais qui ne possédait pas plus de fortune que sa fiancée, l'épousa. Dès la première année de leur mariage, ils s'aperçurent qu'ils n'avaient fait que mettre leur malheur en communauté. La grêle dévasta une ferme qu'on leur avait donnée à exploiter; une épizootie leur enleva la plus grande partie de leurs bestiaux, et leur chagrin s'accrut de la douleur de souffrir dans un autre. Désespéré, ne sachant à quel saint se vouer, ayant épuisé toutes ses ressources, imploré tous ses amis, dont le nombre diminuait en raison de ses besoins, l'époux de Madeleine fit au bonheur de sa femme le sacrifice de sa vie. Il se vendit au percepteur des contributions de l'arrondissement, dont le fils venait d'atteindre l'âge de la conscription. Une somme de cinq mille francs fut le prix de la mort qu'il trouva six mois après dans les champs glacés de la Russie. Mille écus furent d'abord comptés à sa femme, et distribués aux créanciers avant son départ.

« Lorsque le percepteur apprit que le remplaçant de son fils s'était fait tuer, il alla consulter un homme de loi pour savoir s'il n'y aurait pas de moyens de se dégager envers la veuve; mais le contrat de vente était bien cimenté : le percepteur en fut pour ses frais de consultation. Cet *honnête homme* mit tant de mauvaise volonté à s'acquitter, il recula avec tant d'adresse l'époque de chaque paiement, qu'il obligea la veuve à se contenter de la moitié du prix de la mort de son mari.

» Cette pauvre femme, qu'en partant son époux avait laissée enceinte, était accouchée d'un enfant aveugle. Pendant quelque tems elle douta de son malheur; des charlatans lui vendirent au poids de l'or une espérance trompeuse et des remèdes inutiles. Une mère croit si ardemment ce qu'elle désire, qu'on eut toutes les peines du monde à persuader à Madeleine que la guérison de son fils était une chose impossible.

Convaincue de cette cruelle vérité, elle envisagea avec effroi l'avenir, et la tâche que le Ciel lui avait imposée. Cependant Madeleine, plus à plaindre que jamais, n'ayant en perspective qu'une misère affreuse, ne voulût point se résoudre à abandonner un enfant qui ne pouvait acquitter qu'avec son cœur tous les soins dont il était l'objet; et l'attention qu'exigeait ce petit aveugle la forçait de refuser une foule de travaux qui l'auraient placée au-dessus du besoin.

Je sollicitai, il y a quatre jours, la charité de plusieurs personnes réunies chez moi, je leur exposai rapidement la situation de cette infortunée, lorsque M. Dherb..., qui a des secrets pour toutes les maladies, et des conseils pour tous les malheurs, nous assura qu'il y avait à Paris un établissement où de jeunes aveugles, confiés aux soins de professeurs distingués, recevaient une éducation gratuite, et parvenaient à exercer des professions mécaniques qui les mettaient à même de pourvoir à leur existence. Je crus d'abord que M. Dherb... m'offrait une excuse pour ne pas m'offrir autre chose. » — Et vous aviez tort. M. Haüy, dont la vie est un tissu de bonnes œuvres, et dont la reconnaissance publique placera le nom justement célèbre à côté de celui de l'abbé de l'Epée, fut le premier en Europe qui se consacra à l'instruction des aveugles. La société philantropique, qui a compté au nombre de ses membres MM. de la Rochefoucault, Bailly, l'ancien maire de Paris, Desfaucheretz, MM^{mes} de Staël, de Planoy, Duménil, etc., les recueillit en 1784, dans une maison rue Notre-Dame-des-Victoires. Louis XVI les réunit aux sourds-muets en 1791, dans l'ancien couvent des célestins; ils en sortirent quelques tems après pour aller habiter la maison de filles Sainte-Catherine, rue des Lombards. Confondus ensuite, par un arrêté des consuls, avec les quinze-vingts, ils ont été depuis séparés de ces derniers par une ordonnance du roi; et l'institution se trouve aujourd'hui placée dans ce même collége des Bons-Enfans, qu'a si long-tems habité Vincent de Paule, ce prototype de la charité chrétienne, ce colosse de vertu, que respectèrent au milieu de leurs sanglantes folies, des hommes qui ne respectaient rien.

Au moment où j'achevais ces paroles, nous étions arrivés rue Saint-Victor, n° 68. Mme de

Lescale voulut absolument que je la présentasse au directeur, que j'avais l'honneur de connaître, et pour lequel elle avait une lettre de recommandation très-pressante. Le docteur G***, homme instruit et fort aimable, nous combla d'égards et de politesse; après avoir répondu par des offres de service très-bienveillantes à la demande qui lui était faite, après nous avoir indiqué la marche à suivre pour obtenir l'admission du jeune élève que nous venions lui offrir, il entra avec nous dans quelques détails sur l'administration de la maison, sur le caractère général des aveugles, sur leurs habitudes, leurs talens, sur l'occupation de leur journée, dont aucun moment n'était donné à l'oisiveté; il nous parla de ses élèves en père de famille qui fait l'histoire de ses enfans.

Pour nous donner une idée de la grande facilité qu'ont les aveugles de décomposer leurs idées par la synthèse et l'analyse, il nous cita *Paingeon*, aveugle-né, qui, à l'exemple de *Saunderson*, enseigne avec succès les mathématiques; *Jean Delille*, qui a illustré de nouveau un nom illustre, en portant très-loin la métaphysique de la langue française; il nous montra le jeune *Fonsèque*, élève distingué de l'institution, dont les dispositions brillantes, les progrès rapides, vont recevoir incessamment une nouvelle récompense.

La même maison, nous dit M. G***, réunit les élèves des deux sexes; mais ils n'ont entre eux aucune espèce de communication. Les heures de la récréation ne sonnent pour ceux-ci que lorsque celles-là ont déjà repris leurs travaux accoutumés; autrefois, on se montrait peu sévère sur ce mélange des garçons et des filles pendant les jeux ou dans les études; on s'imaginait n'avoir rien à redouter de ces êtres infortunés qui, privés du sens par lequel l'amour pénètre et s'insinue plus facilement dans notre cœur, devaient ignorer ces émotions qui nous attirent et nous entraînent vers l'objet que nous a soumis la puissance d'un regard : on oubliait que les aveugles, affranchis par leur cécité de toute espèce de bienséances, et portés par la trempe de leur caractère vers l'indépendance et la liberté, ne sont retenus par aucune idée des convenances sociales : pour l'aveugle, la pudeur n'est pas une grâce, la décence n'est point une vertu.

En parlant ainsi le docteur nous avait conduits dans le corridor du premier étage : il nous montrait à droite les différens ateliers des travaux manuels ; à gauche, les classes de lecture, d'écriture, de mathématiques, de langues, de géographie ; dans quelques-unes nous aperçûmes des élèves auxquels notre arrivée ne causa aucune espèce de distraction. A sa marche ils reconnurent leur directeur. Le fameux aveugle Saunderson devinait, annonçait, la plus légère variation dans l'atmosphère; placé au milieu d'une chambre, il jugeait de son étendue sans se tromper ; et telle était la justesse de son oreille, qu'il distinguait exactement jusqu'à un cinquième de note ou de ton.

D'autres jeunes gens étaient occupés à tresser des paillassons de jonc d'Espagne, à former des tapis de lisière, à tisser des mouchoirs. Je ne savais ce que je devais le plus admirer, leur adresse, la sûreté de leur travail, ou la dextérité avec laquelle ils mélangeaient, sans jamais s'y méprendre, les couleurs qu'ils étaient obligés d'employer. Cette profession de tisserand, nous dit le directeur, est une de celles dans lesquelles ils réussissent le plus complètement. Quoique nourris, vêtus, logés aux frais de l'établissement, on leur accorde pour ce genre de travail un petit bénéfice que l'administration met en réserve, et qui sert à leur acheter un métier et des ustensiles lorsqu'ils sortent de la maison. Nous les rendons à leur famille au bout de huit ans; il n'en est pas un seul qui, après ce tems-là, ne soit en état de se suffire à lui-même. Cette certitude les rend fiers; la dépendance à laquelle les oblige leur infirmité aigrit quelquefois un peu leur caractère. Cependant, je n'ai que des éloges à donner à tous ceux qui sont maintenant sous ma direction. Rien n'est comparable à leur aptitude, à leur émulation; c'est ce dont vous pourrez vous convaincre, si vous assistez à la prochaine distribution des prix. Ici, elle se fait en conscience, et les élèves sont en quelque sorte leurs premiers juges.

Arrivés à l'étage supérieur, nous vîmes au milieu de quelques petites aveugles qui travaillaient en l'écoutant, une jeune et jolie personne, qui, parée des attraits de son sexe et des grâces de son âge, avait renoncé aux douceurs de l'hymen, et se livrait aux devoirs d'une mère de famille. Dans cet âge si favorable aux plaisirs, Mlle Zélie Cardeilhan s'était vouée au culte du malheur. Tour-à-tour maîtresse d'italien et d'anglais, professant la musique, enseignant l'écriture et la géographie, elle consacre à l'instruction des jeunes filles confiées à sa tendresse, une foule de talens qui lui présageaient de brillans succès dans ce monde, auquel elle semble avoir dit adieu pour toujours. Non loin d'elle une petite aveugle de la physionomie la plus intéressante, laissait courir ses jolis doigts sur un piano; son oreille l'avait avertie de notre présence, et jalouse de nous donner un petit échantillon de son talent, elle se mit à exécuter une sonate avec une précision, une légèreté, une exactitude qui nous auraient étonnés dans une grande personne. Je demandai le nom de cette charmante enfant; j'appris qu'elle se nommait *Sophie Osmont*: en la plaignant, je l'admirai.

Une autre petite aveugle attira aussi mon attention par la gentillesse de ses réparties. Après l'avoir interrogée sur son père, qu'elle disait aimer beaucoup, sur sa mère qu'elle aimait encore plus, M#me de Lescale lui demanda quelle idée elle se formait de la figure de sa mère.... *Maman!* reprit l'enfant avec un petit mouvement de tête qui ressemblait à l'orgueil, *maman doit être bien belle, car elle est bien bonne!* .... Heureux enfant! qui ne concevait pas la séparation de ces deux qualités.

Poussant la complaisance à l'excès, M. G*** nous initia à tous les secrets de son établissement, et partout nous n'eûmes que des éloges à donner au zèle de l'administration, à la science des professeurs, à la docilité des élèves, à l'ordre qui règne dans l'institution. M. G*** nous promit ses bons offices pour l'infortuné que Mme Lescale devait lui amener, et prit congé de nous pour corriger la dernière épreuve de son *Essai sur l'Instruction des Aveugles*, dont Sa Majesté a daigné accepter la dédicace, et qu'il se propose de publier incessamment.

N° XIV. — 18 *novembre* 1817.

UNE CASERNE.

―

<blockquote>Rose et Fabert ont ainsi commencé.
VOLTAIRE. </blockquote>

Non-seulement chaque siècle a ses mœurs qui servent à lui donner dans l'histoire une physionomie particulière, mais encore chaque classe de la société a des habitudes qui lui sont propres, et qui la distinguent des autres. La vie casanière d'un savant ne ressemble en rien à l'existence toujours incertaine d'un marin ; et les jours paisibles d'un commis inutile ne sont point chargés des mêmes événemens qui composent la carrière honorable d'un soldat. Aussi ceux qui exercent ces diverses professions ont-ils des notions différentes sur ce que nous nommons honneur, probité, vertu, considération ;

chacun d'eux donne à ces mots une acception relative qui influe d'une manière directe sur toutes les actions de sa vie.

J'ai un neveu dans la garde royale; c'est un garçon de vingt-deux ans, que sa bonne conduite a déjà fait monter au grade de sergent, et dont la noble ambition ferme les yeux sur la distance qui sépare la baïonnette du bâton de maréchal. Tout entier à son service, il néglige ses affections pour ne s'occuper que de ses devoirs, et je reste quelquefois des mois entiers sans recevoir de lui une seule visite. Je n'ai que la volonté de le gronder; car sa manière de s'excuser m'en ôte le courage : il fait toujours valoir des prétextes excellens, des motifs dont il me prouve la bonté en m'embrassant plus fort et plus souvent que de coutume. Le moyen, d'ailleurs, de se défendre d'un peu d'indulgence pour un jeune homme que ses chefs eux-mêmes honorent de leur estime, et que ses camarades ont la franchise de louer en son absence!

Je ne l'avais pas vu depuis près de deux mois, et ce retard me causait d'autant plus d'inquiétude que j'avais entendu parler dans quelques maisons d'un duel entre deux sous-officiers d'un bataillon de la garde. Gratien est d'une bravoure qui va quelquefois jusqu'à la témérité; son silence et la connaissance que j'ai de son caractère me faisaient craindre qu'il n'eût malheureusement figuré dans ce combat singulier. J'attendais sa visite avec une anxiété qui s'augmentait chaque jour. Enfin, ne pouvant plus résister à mon impatience, je pris le parti d'aller moi-même demander de ses nouvelles, et samedi matin je dirigeai mes pas vers la caserne de B....

Jamais route ne m'avait paru si longue. Les réflexions que je faisais dans le chemin n'étaient pas propres à l'abréger. L'ame est presque toujours disposée à croire au malheur qu'elle redoute. Pendant tout le trajet, je me préparai à recevoir la nouvelle de la mort de Gratien, car je m'étais dit mille fois que s'il n'avait été que blessé, il se serait hâté de me l'apprendre. Telle était l'espèce de certitude que je m'étais créée à cet égard, qu'un froid mortel se répandit dans tout mon corps au seul aspect de la caserne, et que je fus obligé de m'arrêter pendant quelques minutes afin de me remettre. Je n'approchai plus qu'à regret et en tremblant de ce séjour bruyant, où, selon moi, je ne pouvais manquer de recevoir la confirmation de l'événement que je craignais. Arrivé auprès de la sentinelle, je me recueillis un peu; et donnant à ma voix une assurance qui était loin de mon cœur, je lui demandai si le sergent Gratien se trouvait à la caserne. Mon émotion était si visible que le factionnaire s'en aperçut. « Je l'ignore, me répondit-il avec intérêt ; mais notre adjudant, qui se promène dans la cour, vous en instruira mieux que moi ; et, de la main, il m'indiqua un grand homme en redingotte bleue, coiffé d'un bonnet de police, qui donnait des ordres à un tambour de planton.

« Gratien ? me dit l'adjudant auquel j'avais répété ma demande avec un peu moins d'effroi qu'à la sentinelle ; il a monté la garde hier, et la descend aujourd'hui ; dans une heure il sera ici. — Vous en êtes bien sûr ? — Certainement. Nous n'avons dans le bataillon qu'un seul sous-officier de ce nom-là. C'est un joli garçon, plein de talens et d'esprit, d'une exactitude rare, qui promet de faire un jour un militaire distingué. Si Monsieur veut l'attendre, je

puis l'assurer qu'il ne tardera pas à le voir.
— Ce n'est donc pas lui qui s'est battu? —
Non, Monsieur, et je puis dissiper toutes vos
inquiétudes à ce sujet. Votre parent, car à
l'intérêt que vous paraissez prendre à lui.....
— C'est mon neveu. — Monsieur, votre neveu
a tout employé, au contraire, pour empêcher
cette querelle d'avoir des suites sérieuses ; mais
il n'a pu y réussir. Il s'agissait d'un mot jeté
en avant pour tâter le dernier sergent arrivé au
corps. Une de nos vieilles moustaches, qui avait
cru s'apercevoir que son nouveau collègue était
doué d'un caractère pacifique, voulut s'en assurer ; et, à la suite d'un repas extraordinaire
pris en ville, on proposa de jouer l'écot au
premier sang. Le jeune homme se récria, et
fut même jusqu'à offrir de payer de sa bourse
un dîner dont il ne devait que sa part. On le
plaisanta sur sa générosité ; on le railla sur la
répugnance qu'il montrait à faire la partie de
ses camarades. Poussé à bout, et prévoyant
que, s'il ne la terminait pas à son avantage,
cette affaire allait être pour lui la source de
mille autres plus désagréables encore, le nouveau sergent s'offrit à tenir tête à ses collè-

gues. On accepta. Le premier qui entra en lice fut l'agresseur ; et cet homme, que depuis vingt-cinq ans le canon de l'ennemi avait respecté, devint la victime de son imprudente plaisanterie. A l'instant où il tomba, son collègue se précipita sur lui, et, maudissant sa funeste adresse, il chercha par tous les moyens possibles à étancher le sang qui sortait de sa blessure. Soins inutiles! La Valeur sentant sa fin approcher, tendit la main à son adversaire, et s'adressant à ses camarades, dont l'affliction était extrême : *J'ai eu tort*, dit-il, *ne lui en voulez pas ; il s'est conduit en brave. Qu'il soit votre ami ; il mérite de l'être.* Et faisant un dernier effort pour se soulever, il expira, serrant dans ses bras celui qui l'arrosait de ses larmes.

Dans la personne de la Valeur nous regrettons un brave ; mais sa mort est un malheur dont on ne peut accuser son adversaire ; il est lui-même inconsolable d'un événement qu'il n'était pas en sa puissance de prévoir ou d'éviter. Les amis du défunt ont respecté ses dernières volontés, et..... L'adjudant fut interrompu par un message du colonel ; il me quitta pour y faire réponse.

UNE CASERNE. 175

La certitude de revoir Gratien m'avait rendu une partie de ma bonne humeur; mais il me fallait attendre, et je ne savais comment passer le tems jusqu'à son retour. Il me prit tout-à-coup l'envie de parcourir et de visiter l'intérieur de la caserne. Plusieurs militaires m'avaient vu causer avec leur adjudant; je me trouvai, pour ainsi dire, déjà connu de quelques-uns des locataires de l'hôtel.

J'entre dans une grande salle-basse, d'où j'avais vu sortir un peloton de grenadiers qui venait d'y faire l'exercice. Cette vaste pièce, sur les murs de laquelle des soldats galans ont charbonné des sermens d'amour et des promesses de fidélité qui disparaissent à chaque blanchissage, sert à-la-fois de salle de danse et de salle d'armes. A l'une des extrêmités, le maître d'escrime enseigne à un jeune militaire le moyen de *tuer son homme proprement* par une botte secrète qu'il a apprise à tout le régiment. Du côté opposé, un vieux caporal, qui, par la figure, ressemble au *balafré*, donne une leçon de danse à un fusilier de sa compagnie. Pour suppléer au violon, dont il n'a pas l'habitude de se servir, il fredonne entre ses dents un *trala derideri dera*, dont il alonge ou raccourcit la mesure, suivant la lenteur ou la vivacité des mouvemens de son élève.... Celui-ci, distrait par les *une*, *deux*, *parez-moi celle-ci ! tirez à fond ! ah !* .... prononcés à côté de lui par le maître d'armes, lasse souvent la patience de son professeur, qui s'en plaint en des termes dont l'énergie ne peut être appréciée que par ceux qui ont l'habitude du corps-de-garde.

Me voilà au troisième étage. Je traverse une longue chambre, où sont rangés une trentaine de lits ; chacun des militaires auxquels ils appartiennent est placé près du chevet, et s'occupe des préparatifs de sa toilette du lendemain : celui-ci ajoute à l'éclat de ses armes, celui-là à l'élégante propreté de son équipement ; l'un vernit sa giberne, l'autre arrange son bonnet à poil. J'admire l'ordre et l'harmonie qui règnent dans cette enceinte ; mais j'aperçois un soldat dont la tâche est remplie ; sa figure basanée où brille un œil plein de feu, ses cicatrices apparentes, et ses trois chevrons qui parent la manche droite de son habit, m'annoncent un vétéran du métier. « Ouel âge avez-vous, mon brave ? — Quarante-cinq ans. —

Vous servez ? — Depuis 1791. — Vous avez été blessé ? — Dix-sept fois ; j'ai reçu un coup de feu à Kehl, deux coups de lance à Marengo, un coup de sabre à Austerlitz, deux à Jéna. — Où avez-vous reçu la croix ? — A Paris. — Qui vous l'a donnée ? — Le roi, mon commandant. » C'est sans doute mon chapeau à trois cornes qui m'a valu ce titre-là.

Tandis que je causais avec ce vieux grenadier, qui n'attendait qu'un mot de moi pour entamer l'histoire de ses campagnes, des cris enfantins pénétrent jusqu'à nous ; je me dirige vers l'endroit d'où ils partent : c'était la chambre du sergent-major, ancien serviteur, marié depuis quinze ans, et que sa femme n'a jamais abandonné, si j'en crois mon interlocuteur.

J'ouvre. Quel tableau s'offre à mes regards ! Assis devant la cheminée, un militaire, qui a passé la cinquantaine, auquel d'épaisses moustaches et de larges favoris donnent une physionomie un peu plus que sévère, berce en riant sur ses genoux un enfant de dix mois ; pour apaiser ses cris, il entonne à demi-voix une des chansons allemandes qu'il a rapportées de ses campagnes d'Autriche, pendant que son fils aîné, fifre du bataillon, essaie d'accompagner son père sur son aigre instrument, et danse presque en mesure pour égayer le marmot, objet de leur double sollicitude.

La femme de ce brave soldat est la sœur de la cantinière, dont j'ai aperçu le logement au bas de l'escalier; celle-ci reçoit en pension ceux des officiers du régiment à qui leur fortune ne permet pas de faire une grande dépense; partout ailleurs l'économie serait une vertu; chez le soldat, elle est une habitude.

Je m'approche d'une troisième femme dont les services appartiennent à tout le régiment. Elle compte presque autant de campagnes que le plus ancien, et cite avec modestie des blessures qu'envierait le plus hardi...... Le jour du combat, elle brave gaîment la mitraille pour porter au soldat, dont les forces s'épuisent, le petit verre d'eau-de-vie qui ranimera son courage abattu. Heureuse du bien qu'elle procure, des heureux qu'elle fait dans ces momens de gloire et de danger, elle oublie souvent d'exiger le prix du service qu'elle rend.... Elle ne vend plus, elle donne, et se trouve payée par la part active qu'elle a prise au gain de la bataille.... Sans la vivandière, point de victoire... Je demandai à celle-ci, dont j'avais examiné la boutique abondamment fournie de fruits, de légumes, etc., etc., comment elle se trouvait de son état. — Fort bien, me répondit-elle; il ne m'est jamais venu dans l'idée d'en essayer un autre. — Vous êtes veuve ? — Et remariée, mon capitaine; je compte vingt-deux ans de mariage dans le militaire : mon *premier* a été tué en Italie; c'était le plus brave de l'armée, soit dit sans offenser personne; le second, qui, Dieu merci, ne manque pas de courage, a été blessé trois fois à mes côtés : il est caporal, sauf votre respect. — Avez-vous des enfans ? — Un petit gas de dix ans, qui apprend le tambour; il est pour le moment à la salle de police!.... Dame! il est entêté, et puis il a le malheur de ne vouloir obéir à personne.... C'est dommage; car, sans cela, il ferait un bien bon sujet : il est brave comme père et mère....» Un acheteur se présenta, et la vivandière me fit la révérence.

En traversant un des corridors pour revenir dans la cour d'entrée, je m'arrêtai devant deux figures crayonnées sur le mur. Je cherchais à deviner le sujet de ce dessin, lorsqu'un jeune officier devinant mon désir, se hâta de le satisfaire. « Dans ce dernier tems, me dit-il, on logea ensemble, dans cette caserne, quelques débris de régimens de lanciers et de cuirassiers. Quoique d'une arme différente, ils vivaient en bons camarades, lorsque ce dessin faillit troubler leur accord. Un lancier s'avisa de tracer sur le mur le croquis d'une escarmouche d'avant-garde; et, comme vous le voyez, il plaça le soldat de son corps en avant, et mit derrière lui un cuirassier. En apercevant cette ébauche, les cuirassiers crurent y découvrir une intention offensante, et déjà ils couvaient des projets de vengeance, lorsqu'un lancier, que le hasard avait instruit du motif de cette mésintelligence, justifia son camarade en écrivant au-dessous des deux figures : *L'éclair devance toujours la foudre.* Ces mots rétablirent la paix, et ce double éloge fut ratifié dans un banquet que les débris des deux régimens se donnèrent à cette occasion.

Le tambour, qui se fit entendre, m'annonça

le retour de Gratien ; je volai à sa rencontre, et lui reprochai le chagrin que son silence involontaire m'avait donné. Pour toute excuse, il sollicita la permission de passer le reste de la journée avec moi, ce que je lui accordai avec plus de plaisir que je n'en laissai paraître.

N° XV. — *26 novembre* 1817.

LE CREPS.

> L'œil étincelant, l'air terrible,
> L'un dévore le livre où son sort est écrit,
> L'autre brise l'autel, et dans sa rage extrême,
> Tournant son bras contre lui-même,
> Se punit d'un penchant qu'il déteste et chérit.
>
> *Ode sur la passion du jeu.* LAURES.

L'usage a consacré ces réunions de famille, où le compliment sur les lèvres, et le bouquet à la main, chacun vient annuellement faire assaut d'éloges et parade d'affection. On marque d'avance au crayon, sur l'almanach de poche, la date de ces fêtes périodiques, dont l'époque se grave difficilement dans la mémoire, et cette adroite précaution donne à l'exactitude une apparence d'empressement qui trompe agréablement celui qui en est l'objet.

On n'ajoute pas beaucoup de foi à ces tendresses à jour fixe, à ces protestations d'amitié chantées sur l'air du *vaudeville à la mode*, à ces dévouemens rimés en pointes ingénieuses, dont l'étendue est souvent calculée sur l'importance du personnage qui les inspire, ou sur le degré de plaisir qu'on espère ; et cependant il n'est point de famille, à Paris, où l'on ne se fasse un devoir de célébrer la fête de Monsieur et celle de Madame. Ces deux époques remarquables tiennent le premier rang dans les cérémonies de l'année. Un mois avant leur arrivée, le ménage assemblé discute gravement la nature des amusemens qui devront composer ce jour mémorable ; on arrête la liste des convives ; on fait circuler les invitations ; et souvent, pour ajouter à l'éclat de cet événement, on s'impose prudemment à l'avance des privations extraordinaires. C'est ainsi que, par un arrangement passé entre l'intérêt et l'orgueil, ou prélude à de fortes prodigalités par des mesures d'économie sordide.

Le grand jour paraît enfin ; les préparatifs du repas, la décoration des appartemens surchargés de devises et d'emblêmes en l'honneur du fêté, qui, pour plus de sûreté, s'amuse souvent à les écrire et à les poser lui-même; les apprêts mystérieux de la toilette de la famille occupent une grande partie de la matinée. Par fois un peu d'humeur se mêle à cet embarras momentané ; on s'impatiente, on se querelle par habitude ; le plus léger oubli amène une dispute intérieure, et les reproches d'indifférence précèdent de quelques heures les éloges de vertus, les preuves d'attachement qu'on est convenu de se renvoyer mutuellement dans la soirée.

Un moment avant l'arrivée des parens et des amis, tout rentre dans l'ordre; le ménage se réconcilie, l'esprit conjugal signe une trêve de vingt-quatre heures, et la gaîté reparaît sur toutes les figures. La jeune fille, témoin forcé de la petite altercation de ses parens, court à sa chambre pour y repasser ses couplets sur la douceur de l'hymen; le garçon achève, en riant, de tresser la couronne d'immortelles qu'il doit poser sur le front de son père, à la fin d'une fable que son maître de pension lui a appris à réciter en cadence. Paré de son plus jeune habit, le visage riant, la tête haute, le jarret tendu, notre bourgeois, campé fièrement à l'entrée de son salon, reçoit avec une dignité comique la modeste fleur dont chaque convive a eu la précaution de faire emplette. On se parle beaucoup avant le dîner. Des parens, des amis qui ne trouvent pas d'autre occasion de se voir, sont bien aises de saisir celle-ci pour s'informer de l'état de leurs affaires et des changemens qu'une année de plus a apportés dans la famille.

On passe dans la salle à manger; chacun se récrie sur la fraîcheur, le goût et l'élégance des oripeaux qui la décorent. Le maître de la maison affecte une surprise qui arrache un sourire à une partie de l'assemblée; il baisse modestement les yeux à chaque fois qu'un des convives s'amuse à lire tout haut une des devises composées en son honneur, et cette petite comédie, où tous les personnages, exclusivement occupés du rôle qu'ils ont accepté, concourent à l'ensemble de la représentation avec un sérieux digne des plus grands éloges, se termine ordinairement par une effusion de tendresse conjugale.

Tout le monde est à table ; une seule place est vide, c'est celle du chansonnier habituel de la maison, qui termine dans un coin sa ronde sentimentale, à laquelle il travaille depuis deux jours. Que ce M. Chauffard est aimable ! dit le maître de la maison, qui, pendant la durée du premier service, n'a pas voulu souffrir que l'on troublât indiscrètement les méditations laborieuses du jeune poète.

Le dessert et le champagne ont fait cesser les colloques particuliers ; tout le monde prête l'oreille aux joyeux couplets qui circulent, et répète avec les hommes à talent chargés de la partie spirituelle de la fête, ces refrains de circonstance : *C'est le meilleur homme du monde ; Il faut des époux assortis ; Quand on sait aimer et plaire*, etc.; que, dans son heureuse distraction, notre bourgeois fredonne aussi à demi-voix ; chaque chanson est couverte d'une salve d'applaudissemens, et remise au maître de la maison, dont la ridicule vanité fait collection de ces amplifications annuelles. Si ses parens, ses meilleurs amis ne peuvent accueillir le moindre éloge sans l'accuser d'exagération, plus indulgent qu'eux, il se prête de bonne grâce à l'hyperbole, et les louanges les plus outrées n'ont rien à ses yeux que de très-naturel ; il est le seul à qui il ne vienne pas dans l'idée qu'il y a plus de malice que de vérité dans les complimens qu'on lui chante.

Un petit bal, après lequel soupiraient les jeunes filles, succède au dîner, et se prolonge jusqu'à deux ou trois heures du matin. Chacun des invités se retire satisfait de lui-même et des autres; renfermé dans sa chambre à coucher, le bourgeois jette encore un coup-d'œil sur les couplets qui lui ont été remis; il les lit, les relit, les chante, les compare entre eux, juge de leur mérite respectif et du talent des auteurs par la dose de l'encens qu'ils lui ont prodigué. Le jour le surprend au milieu de cette agréable occupation; et au déjeûner, seul avec sa petite famille, il se plaît à lui faire entendre de nouveau ces hymnes adulatrices. Le mouvement de ses lèvres indique qu'il les sait déjà par cœur, et souvent malgré lui il interrompt la chanteuse pour la reprendre; du moins aucun accident fâcheux, aucun événement funeste ne vient troubler ces fêtes, qui, à travers le ridicule qui les dépare, ont encore l'avantage de resserrer les liens de famille, et de rapprocher de tems à autre des personnes qui, sans de pareilles réunions, se verraient plus rarement encore. Une indigestion, une entorse, sont les seuls malheurs auxquels s'exposent volontairement ceux que l'amitié invite à de semblables réunions.

Mais le danger croît à mesure qu'on s'élève; et dans les sociétés brillantes où tout respire le luxe et la galanterie, des périls plus redoutables attendent ceux qui s'y embarquent sur la foi des plaisirs.

On m'invita, ces jours derniers, à la charmante soirée du comte de C... Cette fête, prônée à l'avance, devait être embellie de la présence d'une foule de jolies femmes, dont les noms sont célèbres dans les fastes de la capitale. La danse et la musique étaient destinées à augmenter les charmes de la soirée. Un proverbe et un physicien devaient en varier les agrémens. Tenté par la réunion de ces plaisirs, je m'achemine vers l'hôtel du comte. J'entre. Les équipages rangés dans la grande cour me révèlent une partie des titres des invités. Je monte. Les premières pièces de l'appartement sont meublées d'une quantité de laquais à toutes livrées, qui, divisés en groupes, lisent la gazette du matin, déraisonnent sur les affaires du jour, ou risquent au vingt-et-un et au brelan les gages qu'on leur donne et les bénéfices qu'ils prennent.

J'examine un instant ces figures si diversement agitées. L'éducation n'a pas enseigné à ces hommes l'art de cacher une partie des sentimens qu'ils éprouvent; mais habiles à singer leurs maîtres, ils ont appris d'eux à modifier leurs sensations, et ce gros valet de pied perd son argent avec la tranquillité affectée du marquis de B..., qu'il sert depuis un an.

Au moment où je pénétrai dans le salon, le concert commença. Placé entre le vieux chevalier de V.... qui, s'est fait une réputation de sensibilité en demandant mystérieusement à chacun des nouvelles de sa santé, et la grosse baronne de B.... qui, depuis vingt-deux ans a eu l'adresse de donner à son silence une apparence d'esprit, je parcourais des yeux la pièce où je me trouvais, et j'étais étonné de n'y rencontrer aucune des personnes qu'on m'avait désignées; le concert fini, je passai dans la salle du bal, où je ne fus pas plus heureux.

Lorsqu'il fut question de former les contredanses, je remarquai que la plupart des cavaliers allaient chercher leurs danseuses dans une chambre que ces dames paraissaient abandonner à regret. Je me dirigeai vers ce lieu favori ; les approches en étaient gardées par un grand nombre d'hommes et de femmes dévorés de la même curiosité que moi. Je ne pouvais me faire une idée du motif important qui attirait tant de monde de ce côté. Il m'était impossible de rien voir, et le silence qu'on y observait religieusement n'était troublé que par des mots sans suite auxquels je ne comprenais rien du tout. Au premier coup d'archet, quelques jeunes dames se levèrent, des hommes les suivirent, et leur départ, en diminuant le nombre des curieux, me permit enfin de contempler l'objet d'une attention aussi générale.

Au milieu d'une des plus riches pièces de l'appartement, le maître de la maison avait fait dresser une grande table recouverte d'un tapis vert. Un monsieur que je ne connais pas tenait le haut bout ; il avait devant lui une sebile d'ébène remplie de dés, que tout le monde agitait à volonté ; de nombreux paquets de billets de banque erraient çà et là, comme ces domestiques sans place qui cherchent un maître. C'est dans ce salon, et tranquillement assis autour de cette table si richement garnie, que je retrouvai la majeure partie des grands personnages que je cherchais. Les regards fixés sur le cornet qui devenait en ce moment le dépositaire de leur fortune, ils attendaient avec la plus triste impatience le moment où les dés, jetés sur la table, décideraient par leur position du sort de quelques mille francs qu'ils avaient aventurés. Le destin favorisa le banquier; il ramassa sérieusement l'argent qu'il venait de gagner, et les perdans ne laissèrent échapper aucune plainte. « Parlez-moi de cela, disait à ma droite un vieil officier de marine, dont la manœuvre se bornait à approuver constamment le silence des joueurs, voilà ce qui s'appelle savoir perdre son argent comme il faut.... Ces sociétés-là me dégoûtent des maisons de jeu. »

À l'indifférence avec laquelle il supportait la perte et le gain, il était facile de voir que le banquier n'était qu'un fondé de pouvoir qui risquait des fonds par procuration. Le vieil officier à qui je fis part de mon observation m'apprit que l'administration des jeux prêtait le banquier et les dés, le souper et les cartes, sous les conditions d'agir pour son compte; c'est une manière décente qu'elle a trouvé d'expédier plus vite ses dupes, et de procurer aux joueurs l'avantage si rare de se réunir en bonne compagnie.

En moins d'une demi-heure que je restai dans ce nouveau temple élevé par le hasard à la fortune, je fus témoin de pertes considérables : le vicomte de S.... laissa à la banque 58,000 fr., et Mme C...., à laquelle je n'avais jusqu'à présent connu d'autre fortune qu'une jolie figure, beaucoup d'esprit et une petite campagne aux environs d'Essonne, perdit, sans témoigner la plus légère humeur, 31,000 francs. Il est vrai qu'elle avait à sa gauche un baron allemand que son sang-froid désespérait, et qui avait pris l'habitude de se fâcher pour elle. Une jeune dame, qui ressemble beaucoup à la duchesse d'A..., se retira avec un gain de 43,000 francs. « C'est, dit-elle en riant, une rentrée à compte sur mes pertes de la semaine.... » Mon vieil officier me fit remarquer comme une chose honorable pour la société dans laquelle nous nous trouvions, qu'un billet de 1000 francs, oublié sur la table, ne fut réclamé par personne; cet événement lui servit de texte pour brocher un petit discours dans lequel il finit par donner la préférence aux sociétés particulières sur les maisons de jeu. C'était là son refrain.

On ne saurait se faire une idée de la tristesse qui présida au souper ; personne n'osait avouer ni son bonheur, ni ses revers, dans la crainte de déplaire et d'affliger. Après le souper, qui dura fort peu, on se retira en silence ; les perdans laissaient percer un peu d'humeur, les gagnans une légère satisfaction qu'ils réprimaient aussitôt ; on se sépara plus froidement qu'on ne s'était accosté ; et le maître de la maison s'aperçut, à la précipitation avec laquelle quelques-uns de ses amis s'empressèrent de quitter son hôtel, que sa fête était loin d'avoir causé du plaisir à tous les invités.

N° XVI. — 7 décembre 1817.

UN BAL BOURGEOIS.

Ils se cotisent entre eux pour acheter un ridicule.
M.

« Comment, une invitation de bal, à moi ! — Oui, Monsieur. — En vérité, mon pauvre André, ce message a tout l'air d'une mauvaise plaisanterie. — Pourquoi donc, Monsieur ? — La danse et mes cheveux blancs ne s'accordent guère ensemble. — Eh ! Monsieur, on danse à tout âge ; et, comme dit la chanson, vous conservez encore assez d'oreille pour la mesure. — Détrompe-toi : la vieillesse m'a rendu presque sourd. — Du moins, ne vous a-t-elle pas rendu aveugle. — Je m'en plains quelquefois. — Il me semble pourtant que, dans une réunion où les femmes sont en majorité, voir est un plaisir qui a bien son agrément. — Ce plaisir-là double les regrets de celui qui ne peut

pas y mêler un rayon d'espérance ; l'aspect d'une jolie femme n'est pas sans danger pour un homme dont le cœur a oublié de vieillir, et j'ai souvent été forcé de regretter que le tems, en multipliant les rides sur mon front, ne m'ait pas un peu troublé la vue ; il est cruel de voir, à soixante ans, avec des yeux de vingt-cinq.
— Je ne pense pas comme vous : j'aime tout ce qui me rajeunit, moi ; et s'il faut vous l'avouer, je me faisais d'avance une fête de vous suivre chez M. et Mme Labobinière. — Ne te désole pas, je t'y conduirai. — Vrai ! — Mais je ne serais pas fâché de connaître le motif de cette prévenance de la part de voisins avec lesquels je n'avais eu aucune espèce de relation. — Qu'à cela ne tienne, Monsieur, je vais vous satisfaire.

» M. Labobinière, qui habite ce quartier depuis peu de tems, est un homme qui est venu au monde avec plus de fortune que d'esprit ; il a épousé une femme qui possédait un revenu moins considérable que ses prétentions ; le hasard, plus que l'amour, avait appareillé ces deux personnages, qui, depuis leur hymen, ont fait assaut de sottises. Le mari a long-tems été une providence pour les gens à projets et les faiseurs d'affaires. Tous les charlatans ont su lui inspirer de la confiance; mais, par un reste de pudeur assez difficile à expliquer, ils ont respecté sa délicatesse; et au lieu d'en faire un complice, ils se sont bornés à en faire une dupe : c'est une espèce d'honneur qu'ils lui ont rendu assez fréquemment.

La fortune de M. Labobinière n'a pu résister à ces attaques multipliées. Le peu de réussite d'un projet ne l'empêchait pas de donner tête baissée dans un autre, et la mauvaise foi de ses associés ne le mettait point en garde contre la friponnerie de nouveaux intrigans. Sourd à la voix de ses amis, qui ne cessaient de lui montrer le précipice ouvert sous ses pas, il courait au malheur par toutes les routes. Vous trouverez son nom dans toutes les entreprises qui ont échoué depuis vingt ans. Aujourd'hui, que ses moyens ne lui permettent plus de souscrire à de nouveaux projets, il s'associe en idée à tous les établissemens qui se forment; il en suit les chances avec intérêt, il en calcule exactement les probabilités, et ne manque jamais de prédire leur succès infaillible, quelques jours avant leur chute.

Au lieu de s'opposer aux sottises de son époux,

la vanité de madame Labobinière leur donnait une consistance plus forte : partageant l'espoir et la crédulité de son mari, elle réglait son ton sur les résultats imaginaires de ses folles entreprises. Ne pouvant croire que le sort trompât ses vœux, elle prenait toujours un à-compte sur ses faveurs; et, lorsqu'un revers inattendu renversait de fond en comble le fragile édifice de son bonheur à venir, elle s'en consolait en reportant ses brillantes espérances sur des projets plus certains à ses yeux, et qui plus tard devaient également tromper ses désirs.

Les grandes entreprises auxquelles M. Labobinière s'est intéressé l'ont obligé de se défaire successivement de son hôtel de la rue Taranne, de ses deux fermes de la Brie, de sa maison du faubourg Saint-Germain, et de son équipage noisette. C'est la dernière privation à laquelle Madame ait consenti, la seule qui lui ait coûté un soupir. Voulant conserver encore un reste d'apparence de fortune, elle est venue se loger au Marais, où elle a loué un grand appartement qu'elle doit finir de meubler à la belle saison.

M. Labobinière a une fille, à l'établissement de laquelle on ne songeait pas dans les jours de bonheur, persuadé que les gendres se présenteraient en foule, et qu'on se trouverait trop heureux d'obtenir l'avantage d'entrer dans la famille. Depuis que mademoiselle Agathe a cessé d'être un riche parti, ses parens ont conçu quelques doutes sur la facilité de la marier; le bal de demain a le double avantage de procurer à M. et à Mme Labobinière la connaissance de quelques-uns de leurs voisins dont ils ambitionnent l'estime, et d'établir parmi les jeunes gens une espèce de concours dont la main de mademoiselle Agathe doit être le prix. — Ils donnent un bal pour attraper un gendre ! — Comme dit Monsieur, pour *attraper*...... C'est Madame qui a trouvé ce moyen; elle compte beaucoup sur son succès; on a fait des frais extraordinaires, on a mis à contribution.... Mais je dois me taire, c'est un secret..... Le fait est que la fête sera magnifique. » Je n'insistai pas auprès d'André pour connaître ce grand secret dont il jugeait à propos de me faire un mystère, et je brisai là un entretien que je n'ai pas rapporté *textuellement* à mes lecteurs.

« Ne vous l'avais-je pas annoncé, Monsieur (me dit le lendemain soir André, en traversant avec moi la cour de la maison de M. Labobinière), on se croirait chez un grand seigneur. Ces lampions prodigués à chaque borne avoisinant l'hôtel, ce régiment de domestiques enrôlés pour la soirée, et sur le dos desquels on n'a pas pris mesure de l'uniforme, tout cela est mis en avant pour donner une opinion avantageuse de la fortune de nos voisins. En montant l'escalier qui conduisait aux appartemens, je m'arrêtai devant deux caisses d'orangers, que je crus être de ma connaissance ; je les examinais avec attention, lorsque André, qui me suivait, me dit à demi-voix : « Que faites-vous donc, Monsieur ? Ici, comme au bal de l'Opéra, il y a des masques qu'il ne faut pas reconnaître. » Je souris de l'observation, et je commençai à me douter des causes secrètes de l'obligeante invitation de mes voisins.

On dansait. Madame Labobinière, à laquelle je fus annoncé après la contredanse, me présenta à son mari, puis à la société. Je fus obligé d'endurer les complimens de ceux qui me prirent pour un ami de la maison. Mademoiselle Agathe, petite personne toute ronde et passablement éveillée, se soumit avec résignation aux cérémonies d'un baiser respectueux par lequel je terminai quelques éloges adressés à sa mère.

L'héroïne de la fête avait dix-neuf ans ; elle

ne manquait ni d'esprit, ni de grâce; son embonpoint, un peu trop prononcé, rendait plus remarquable la petitesse de sa taille. Ses parens, après s'être long-tems bercés de l'espoir que sa fortune leur procurerait un gendre illustre, avaient fini par se persuader que ses talens lui vaudraient un époux jeune et riche. L'amour maternel n'est pas un calculateur exact.

Les salons vastes étaient décorés avec goût; ils offraient partout un air de magnificence; on regrettait seulement quelque bigarrure dans l'ameublement et les draperies. Madame Labobinière faisait les honneurs de mademoiselle Agathe avec une constance admirable. Deux jeunes gens, dont les parens, riches habitans de la Chaussée-d'Antin, n'avaient pu se rendre à la fête, étaient sur-tout l'objet de ses soins particuliers. Sa tendresse maternelle ne les laissait pas respirer un moment. Tantôt c'était un menuet, tantôt une gavotte, qu'elle les engageait à danser avec sa fille, dont, en bonne mère, elle exaltait la légèreté; et lorsqu'un de ces messieurs avait fait choix d'une autre danseuse, l'on plaçait mademoiselle Agathe vis-à-vis d'elle, ou bien, retranchée derrière celle qu'elle appelait la rivale de sa fille, madame

Labobinière, grâce à des comparaisons dont on aurait pu souvent contester la justesse, trouvait le secret d'élever l'une aux dépens de l'autre.

Dans les momens de repos, madame Labobinière n'en prenait aucun. Toujours active et complaisante, elle interrogeait les besoins de tout le monde : les glaces, les sirops, les pâtisseries légères, volaient à sa voix apaiser la soif, ou amuser l'appétit de la société dansante. Par une de ces distractions communes aux gens occupés, elle nommait tantôt Champagne et Lafleur, tantôt Martin et Labrie le même domestique, qui, devinant les intentions de sa maîtresse, répondait indifféremment à tous ces noms-là.

La réunion était composée d'une foule de personnages inconnus les uns aux autres. M. Labobinière les appelait des amis ; c'était de sa part une honnêteté perdue, car ils contrôlaient les décors du salon, ils critiquaient le caractère du maître, les ridicules de sa femme, les prétentions de sa fille, avec une sévérité où il entrait plus de justice que d'amitié. « Vous voilà ici (disait un gros homme, qui venait d'assommer de complimens madame Labobinière, à un petit avocat qui s'extasiait sur les plaisirs de la soirée)! — Que voulez-vous? répondit celui-ci : il faut bien aller quelque part; d'ailleurs, je n'ai consenti à m'ennuyer chez ces braves gens que dans l'espoir d'y rencontrer.... » Il baissa la voix; mais ses yeux se portèrent sur une jeune femme qui, depuis le commencement du bal, n'avait cessé de le regarder en riant.

Je passerai sous silence les observations d'une vieille dame, qui blâmait l'excès des dépenses de M. Labobinière, et prétendait à tout moment qu'il était l'heure de souper; je ne parlerai pas de quelques invités qui se refusaient à jouer, à danser, et ne manquaient jamais de se rafraîchir à la fin de chaque contredanse; mais j'avouerai que je remarquai que les jeunes garçons et les jeunes filles, étrangers au caquetage de leurs parens, se livraient avec transport aux délassemens de leur âge; ils donnaient envie de les imiter, et plus d'une fois, dans le courant du bal, je me surpris à les suivre de l'œil, du geste, à répéter dans mon coin les pas qu'ils formaient au milieu du salon.

A trois heures du matin, on passa dans la salle à manger; une table de soixante couverts était garnie de mets solides et de friandises re-

cherchées. Les dames s'assirent, et quelques
protégés furent admis à se placer auprès d'elles.
Je partageai cette faveur avec les jeunes habitans de la Chaussée-d'Antin. Un silence profond
régna pendant quelques momens ; il fut interrompu par la chute de plusieurs pièces d'argenterie. La maîtresse de la maison supporta ce
bruit sans en être étonnée ; mais une de ses
amies prit la chose au sérieux, et réprimanda
avec chaleur le domestique qui s'était rendu
coupable de cette maladresse. On rit, on but,
on chanta. Un des convives, qui s'était le
plus vivement élevé contre le ridicule de la
fête, proposa la santé du maître de la maison,
qui eut la bonté de lui tendre la main comme
un gage de sa reconnaissance. Madame Labobinière, dont la présence d'esprit se faisait remarquer partout, avait placé sa fille vis-à-vis
d'elle, et non loin des deux aspirans. Mademoiselle Agathe fit admirer au dessert une voix charmante ; mais qui manquait un peu de méthode ;
elle chanta *les Plaisirs du ménage :* c'était une
chanson fort jolie, mais à laquelle elle ne sut
pas donner toute l'expression convenable. Madame Labobinière ne perdit pas l'occasion de
faire remarquer cette maladresse.

Les jeunes gens avaient repris des forces, les musiciens venaient de puiser un courage nouveau dans quelques flacons de vins étrangers, qu'on s'était étonné de n'avoir pas vu reparaître sur la table. Ils retournèrent à leur poste; et le bal menaçant de continuer jusqu'au jour, je me retirai sans être aperçu de personne. A mon réveil, André, qui avait déjà recueilli les nouvelles du quartier, m'apprit qu'un fauteuil taché, un couvert de vermeil perdu, un vase de porcelaine brisé, avaient brouillé madame Labobinière avec ses meilleures amies. Pour comble de malheur, à ce bal qui lui avait coûté tant de peines, tant de soins inutiles et si mal récompensés, toutes les jeunes filles, excepté la sienne, avaient trouvé des maris.

N° XVII. — 29 *décembre* 1817.

LA MESSE DE MINUIT.

—

La piété de certaines gens est une sorte d'oisiveté déguisée, ou une occupation languissante et paresseuse.
Bossuet.

« Où va donc cette foule qui court si gaîment ? Pourquoi ces boutiques sont-elles si brillamment éclairées à onze heures du soir ? D'où vient que ces restaurans sont ouverts et ces cafés illuminés avec une pompe extraordinaire ? » Ces questions, que je m'adressais à moi-même, étaient tombées dans l'oreille d'un jeune homme qui traversait la rue Vivienne ; il se hâta de me répondre avec un petit air de mépris pour mon ignorance, et sans égard pour mon âge « Monsieur ne se rappelle pas que le jour de Noël arrive demain ! Ces gens-là se pressent pour avoir place à la messe de minuit, qui commence quelquefois avant, et ces boutiques, ces cafés sont ouverts pour les arrêter en chemin, ou les attraper au retour. » Et sans attendre que je l'eusse remercié d'une explication aussi claire, il me quitta pour entrer dans un magasin où sa présence jeta dans le ravissement une demi-douzaine de jeunes ouvrières, dont l'unique soin est de propager les oracles de la mode, et qui disputaient entre elles d'élégance et de gaîté.

La réponse de mon compagnon de voyage avait fait cesser ma surprise; aussi, lorsque je me présentai chez Mme de Lescale, qui recevait ce soir-là, je ne m'étonnai point de voir que la messe de minuit servait de texte à toutes les conversations. Mme de Lescale elle-même, qui n'habite Paris que depuis dix mois, s'était proposé d'y conduire ses deux nièces, et tout le monde avait cru de son devoir de lui demander la permission de les y accompagner. Comme on était fort près de l'église de Saint-……., on ne voulait partir qu'à la dernière extrêmité; et pour ne point profaner par des occupations frivoles le tems qui devait s'écouler avant l'heure du départ, on l'employait à parler diversement de la cérémonie religieuse à laquelle on se disposait à assister.

L'usage le plus respectable peut devenir l'objet des critiques les plus amères. Je remarquai avec un sentiment pénible que deux personnages qui paraissaient jouir de quelque crédit sur l'esprit de la maîtresse de la maison s'attachaient avec malice à analyser les prétendus inconvéniens de cet acte de dévotion. Leurs observations, tantôt sérieuses, tantôt plaisantes, étaient vivement combattues par un jeune homme qu'à son accent je jugeai être un habitant du pays d'Aunis. « Dans notre ville, dit-il à ses deux adversaires, cette coutume religieuse n'a rien perdu de sa force, de sa pureté. Ce jour, que l'église compte au nombre de ses époques mémorables, est aussi compté au nombre de nos fêtes de famille. Nul de nous ne se dispense du devoir sacré qu'il impose, et n'oublie le plaisir qu'il promet.

» C'est ordinairement vers dix heures, à l'instant où le *couvre-feu* a fini de sonner, que la famille se réunit. Les vieux parens, qui, en province, attachent une grande importance à prêcher d'exemple, arrivent des premiers, escortés par une vieille servante qui rivalise de dévotion avec ses maîtres. Ils sont bientôt suivis des oncles, des tantes, des cousins, des cousines, dont la soirée s'est passée dans un pieux recueillement, et qui n'ont point préludé à la messe de minuit par une séance au Vaudeville ou une visite à l'Opéra. Les enfans eux-mêmes ont fait trêve à leurs jeux. Ceux à qui leur âge permet d'assister au service divin s'y sont préparés par un sommeil de quelques heures. Ils se réveillent aussi gaîment qu'ils s'étaient endormis. Quelques gouttes d'un moka pur, réservé pour les grandes occasions, vient ranimer la famille et chasser ce besoin de repos auquel la vieillesse succomberait infailliblement, malgré ses louables efforts pour le combattre. Bientôt l'heure a sonné. Le cortége se met en route ; deux domestiques, munis de falots, le précèdent à pas lents. Fidèle compagnon de ses maîtres, le chien de la maison les suit de loin, étonné d'un pareil voyage ; mais, selon sa coutume, il les attendra couché sur les marches de l'église. La lune éclaire le chemin. Un silence profond règne dans la ville ; il n'est pas même interrompu par le bruit des pas amortis par la neige. Il semble aux vieillards que l'hiver ait doublé de rigueur. Le corps empaqueté dans la douillette de soie, la tête recouverte d'une casquette de drap, les mains soigneusement cachées dans le manchon provincial, ils s'acheminent en grelottant vers la paroisse. Les mères, dont le grand âge a rendu la marche incertaine, trouvent un appui sûr au bras de leurs enfans. Fières du respect et de l'amour qu'elles inspirent, tout le long du chemin elles adressent au Ciel des vœux pour qu'un jour leurs petites-filles éprouvent de pareils soins.

» Ce cortége de famille se trouve quelquefois augmenté par la présence d'un étranger. Le prétendu n'a garde de manquer à ces sortes de fêtes, et la religion et l'amour y gagnent toujours quelque chose. Ce dernier sentiment s'épure, en quelque sorte, à la face des autels, et la coutume que le jeune homme a puisée dans la famille de sa femme deviendra, avec le tems, une obligation qu'il imposera à ses enfans. Ainsi se transmettent, dans nos provinces, l'habitude des bonnes actions, l'hérédité des bonnes mœurs.

» La messe finie, on repart dans le même ordre. Les jeunes gens seuls sont un peu plus gais ; ils viennent de remplir un devoir, ils songent maintenant au plaisir. Un repas varié, auquel a présidé une sage économie, et dont les préparatifs ont été l'affaire importante de la semaine, les attend à la maison. La circonstance, les convives, l'appétit, doublent les agrémens d'un festin dont personne n'accuse la durée. Le tems de se séparer arrive enfin. Les plus jeunes s'embrassent en promettant d'être exacts au rendez-vous de l'année suivante; les plus vieux se serrent la main en soupirant; ils n'osent partager la présomption de leurs enfans.

» — Ce tableau-là, Monsieur, (dit en secouant la tête le gros baron de Vrilliers, qui a la fureur des souvenirs et des comparaisons), me rappelle ce qui, positivement, se passait dans nos faubourgs avant la révolution. » Et il s'apprêtait à entrer dans de longs détails, lorsque la porte de l'appartement s'ouvrit avec fracas. M. de Nerville se précipita au milieu du salon sans se faire annoncer; et s'adressant à la maîtresse de la maison : « Là! dit-il avec un ton qu'il s'efforçait de rendre furieux, et qui n'en était que plus comique, là! j'en étais sûr! Et moi qui fais le pied de grue depuis onze heures et demie! moi qui vous attends, qui vous garde des places, qui vous retiens des chaises! qui, pendant tout le tems de l'office, ai constamment eu les yeux tournés vers la grande porte, pour guetter votre arrivée! En vérité, c'est se moquer des gens! »

Tous nos regards se portèrent aussitôt sur la pendule, et chacun de s'écrier : « Il est une heure ; déjà une heure !... — Sans doute, reprit de Nerville en tirant sa montre avec un ton de gravité qui fut sur le point d'exciter des éclats de rire universels, et vous retardez encore de dix minutes !.... — Ainsi, ma tante, dirent ensemble les jeunes personnes, nous n'irons point à la messe de minuit ? — Je vous en défie bien, répliqua de Nerville, celle de Saint-...... était aux trois quarts lorsque j'en suis sorti !... » Un double regard lancé sur le jeune provincial sembla lui reprocher d'être cause de cette mésaventure ; il s'en excusa de son mieux : l'attention que ces demoiselles elles-mêmes avaient prêtée à son récit leur avait fait oublier l'heure ; la plus jeune se glissa auprès de Nerville et le supplia de lui raconter ce qu'il avait vu à la messe de minuit ; c'était, selon elle, un faible dédommagement qui lui aiderait à supporter plus facilement la privation à laquelle elle se trouvait condamnée.

« Mon aimable demoiselle, répliqua de Nerville, mon père m'a dit, il y a de cela une cinquantaine d'années, qu'autrefois la messe de minuit était une cérémonie remarquable par le concours des riches habitans qui se faisaient une loi d'y assister, et par la décence qu'ils observaient durant l'office. Ceux que la curiosité seule attirait dans l'église composaient leur figure à la porte; ils se donnaient, dès l'entrée, un air de dévotion qui en imposait à tout le monde. A cette époque, personne ne se croyait dispensé du respect que doit inspirer le temple du Seigneur; un ordre admirable régnait pendant la messe, dont chacun paraissait occupé, parce que chacun voulait donner de soi une opinion favorable à son voisin, et que dans ce tems-là la vertu n'était pas tellement tombée en discrédit, que son masque ne fût profitable à ceux qui l'empruntaient. — M. de Nerville, interrompit avec vivacité la jeune nièce de Mme de Lescale, parlez-moi de ce que vous avez vu, de ce qui se passe maintenant. — Je serais fort embarrassé pour vous le dire, continua de Nerville, dont la figure venait, je ne sais pourquoi, de se couvrir d'une rougeur subite; j'étais beaucoup trop occupé de Mme votre tante pour m'inquiéter de ce qui se passait autour de moi; je me plais à croire que nos grands pères n'ont rien à reprocher à leurs petits-enfans. Ce récit ne satisfit point la curieuse Jenny, et j'eus toutes les peines du monde à la dissuader de l'idée qu'elle avait conçue que M. de Nerville s'était tenu sur la réserve, et avait jugé à propos de lui ménager quelques surprises.

Mme de Lescale se remit bientôt de l'espèce de contrariété qu'elle éprouvait de ne pouvoir tenir à ses nièces la parole qu'elle leur avait donnée, en se ressouvenant fort à propos que sa femme-de-chambre avait un cousin qui accompagnait le mélodrame à la Porte-Saint-Martin, et jouait la contredanse en société; elle l'envoya chercher; il arriva quelques minutes après, son violon sous le bras; et Mme de Lescale, qui avait promis à ses demoiselles la messe de minuit, leur donna un petit bal qui précéda le réveillon obligé.

Je profitai de la confusion à laquelle donna lieu le dérangement de la salle pour m'esquiver. Je pris un chemin opposé à celui de Nerville, et, au bout de quelques minutes, je me trouvai vis-à-vis le portail de...., au moment où la foule commençait à sortir. Elle était en partie composée d'ouvriers, de gens du peuple, plus dévots sans doute ou plus curieux que les autres. Cette église n'était pas la seule qu'ils eussent visitée, car je les entendis vanter les orgues de Saint-Eustache, et regretter de n'avoir pas passé la nuit à les écouter. J'aperçus au milieu de la foule un peloton de grenadiers de la garde nationale qui escortait deux jeunes gens qu'on m'assura n'être pas des voleurs, et je rencontrai un peu plus loin un piquet de gendarmerie qui conduisait à l'hôtel de la Préfecture plusieurs étourdis qui s'étaient rendus coupables de quelques-unes de ces distractions qui n'ont d'autres désagrémens que celui de vous forcer à faire connaissance avec quelque port de mer que vous n'aviez pas l'envie de visiter.

Non loin de là, je rencontrai deux pauvres diables qui avaient chanté l'office au cabaret; ils se roulaient mutuellement chez eux, aux applaudissemens d'un groupe de badauds qui se gelaient à les encourager.

Il faisait un clair de lune superbe. Aussi, malgré toutes les précautions qu'elle avait prises pour se déguiser, je ne pus m'empêcher de reconnaître et de saluer Mme Ch..., dont j'avais aperçu le mari à la garde montante. Je présume qu'elle était trop occupée pour faire attention à moi, car elle ne me rendit pas mon salut : c'est une impolitesse que je lui pardonne volontiers.

Je me retirais en réfléchissant aux différens personnages que j'avais rencontrés en chemin, lorsque je fus tiré de mes rêveries par une vingtaine de jeunes garçons qui dansaient en rond sur le boulevart. Je ne saurais dire au juste quels étaient les refrains qui les mettaient en si joyeuse humeur, les paroles n'arrivaient que confusément à mon oreille; mais j'oserais parier que ce n'était pas des noëls anciens, du moins n'en connais-je pas qui puissent aller sur de pareils airs.

N° XVIII. — 16 *janvier* 1818.

LE CHIFFONNIER.

—

> La nuit est un intermède heureux que le ciel mit entre les actes de la vie, et qui suspend toutes les scènes du monde ; la nuit verse quelquefois sur la paupière du malheureux l'oubli des peines de la journée, et l'illusion sur celles qui l'attendent le lendemain.
>
> J. J. Rousseau.

Averti par la pendule, qui venait de sonner deux heures du matin, je sortis de la fête que donnait M. de Séval pour célébrer les fiançailles de sa fille cadette avec le jeune comte de Lestades. Je quittais à regret une société nombreuse et brillante, où chacun me paraissait pénétré de cette vérité, que le bon ton n'exclut pas la gaîté, que le plaisir peut s'allier avec la décence. Je traversai une double haie de domestiques en habits de gala, dont les moins impatiens, endormis sur les siéges de l'antichambre, attendaient qu'il plût à leurs maîtres de donner le signal de la retraite. La cour était remplie d'équipages dont les cochers, soigneux, tenaient constamment les lanternes allumées. A la lueur des bougies deux d'entre eux, assis en regard dans une calèche couverte, achevaient une partie de piquet fréquemment interrompue par des bâillemens réciproques. Le suisse, étendu sur sa chaise longue, les yeux à demi fermés, tirait machinalement le cordon ; et comme l'assoupissement dans lequel il était plongé privait son bras d'une partie de ses forces, je l'aidai moi-même à m'ouvrir les portes de l'hôtel.

Je cheminais lentement dans les rues de Paris, au milieu desquelles les réverbères jetaient une lumière pâle et douteuse, qui protégeait également les ruses de l'amour et les conquêtes des filous. La rencontre des patrouilles, le passage des voitures de la campagne qui se dirigeaient en tous sens vers la Halle, le bruit des équipages de quelques heureux du moment, troublaient, à de longs intervalles, le silence de la nuit, et donnaient à la capitale une activité que dans ses jours de fête aurait envié plus d'une ville de province.

Je passais en revue les divers événemens qui avaient fait l'objet des observations de ma soirée ; l'orgueilleuse satisfaction de M. Séval, qui avait acheté, par une dot de 500,000 fr., le plaisir de nommer sa fille Mme la comtesse. L'inquiète sollicitude de sa femme, qui, forcée de consentir à un pareil sacrifice, épiait avec tendresse les regards, les actions, les moindres gestes de son gendre futur, et souriait aux plus légères prévenances dont la jeune fiancée était l'objet ; je me rappelais la modestie, la candeur d'Ernestine, qui, moins sensible aux avantages du haut rang qu'elle allait occuper dans le monde, qu'au chagrin de quitter des parens chéris, s'était presque toujours tenue aux côtés de sa mère, et n'avait cessé de lui prodiguer les preuves les plus touchantes de son respect et de sa piété filiale; toutes les fois qu'elle se jetait dans ses bras, elle se tournait vers le comte, et semblait l'appeler à partager d'aussi douces caresses. M. de Lestades jouissait de cet accord charmant ; il s'approchait avec empressement de la mère de la fille, et répondait aux regards supplians de Mme Séval, qui, en lui montrant Ernestine, semblait lui dire : Rendez-la heureuse, par un regard plein de feu qui disait : Je l'aimerai toute ma vie.

A de pareilles scènes, qui s'étaient gravées sans peine dans ma mémoire, succédait la peinture des ridicules de quelques personnages qui venaient d'augmenter la galerie des originaux que je me propose d'exposer à la critique de mes lecteurs. L'imagination encore frappée des différentes sensations que j'avais éprouvées, l'esprit occupé de la richesse des parures, de l'élégance des toilettes que je venais d'admirer, je supputais en marchant la valeur capricieuse, le prix exhorbitant de ces riens brillans qui n'ajoutent aucun attrait à la beauté, et n'ont pas l'heureux privilége d'ôter quelque chose à la laideur. Je m'amusais à calculer d'après cette évaluation le nombre de familles qui auraient pu vivre quelques années du collier ou du peigne en diamans de la jolie fiancée, lorsque je me sentis repoussé brusquement par un homme qui accompagna son geste familier de ces paroles : *Est-ce que vous n'y voyez pas ?*

J'avoue que, plongé dans mes rêveries, je n'avais point aperçu le personnage qui entamait la conversation d'une façon aussi cavalière.

J'examinai cet homme que j'avais heurté sans le vouloir ; un falot à la main, il cherchait par terre quelque objet que sans doute il venait d'y laisser tomber ; au lieu de lui répondre, je crus plus honnête de l'aider dans ses recherches, et me voilà courbé sur ma canne, faisant, à l'imitation de mon interlocuteur, l'inspection du pavé. Ma complaisance, au lieu de désarmer, l'irrita de nouveau : « Vous moquez-vous de moi ? (me dit-il d'un ton qu'avec la meilleure volonté du monde il m'eût été impossible de trouver doux et poli). — Je craignais, lui répondis-je, de vous avoir occasionné la perte de quelque objet important, et je m'empressais de vous aider à le retrouver. — Vous êtes bien honnête, reprit-il en baissant soudain la voix, mais j'exerce mon métier, et je ne passe mon tems qu'à chercher ce que les autres ont perdu. » Il se releva tout-à-fait ; j'en fis de même. Un coup-d'œil jeté sur son habillement me prouva qu'en effet il ne pouvait rien perdre. Vêtu d'une veste dont il eût été difficile d'indiquer la couleur primitive, d'un pantalon presque entier ; armé d'un crochet de fer, coiffé d'un bonnet de laine, portant sur le dos une hotte à moitié vide, à la main un falot sans le secours duquel il n'aurait pu entreprendre ses courses nocturnes ; tel était le personnage singulier que j'avais troublé dans l'exercice de ses fonctions. Tout autre, à ma place, un peu confus de sa condescendance, se serait hâté de quitter cette société de hasard; j'agis différemment. Profitant au contraire de la circonstance qui m'avait mise en relation avec ce pauvre *chiffonnier*, je le questionnai sur les ressources, les bénéfices, les désagrémens de ce qu'il appelait sa profession. J'ai souvent appris comment il se fait qu'ici-bas tant de gens prospèrent malgré tout le monde ; je n'étais pas fâché de savoir de quelle façon d'autres individus s'y prenaient pour vivre, en quelque sorte, malgré eux.

« Si vous aviez le tems de m'écouter, me dit mon interlocuteur en posant sa lanterne à terre, je vous prouverais qu'il y a de belles nuits dans notre état, l'un des plus libres que je connaisse, et sur-tout l'un des plus faciles à exercer. Nous ne sommes pas sujets à patente, nous n'avons pas de dépenses d'établissement, encore moins de frais de toilette; inconnus à la presque totalité des habitans de la capitale, nous ne sommes exposés à rougir de notre misère que devant un petit nombre de personnes qui passent presque toujours auprès de nous sans nous regarder. Témoins discrets de quelques intrigues de nuit, nous ignorons celles qui se trament de jour, et ce ne sont pas assurément les plus agréables. Notre existence échappe à l'envie, et notre métier, qui n'appelle sur lui aucune attention, n'est ni aussi désagréable, ni aussi peu lucratif que vous le soupçonnez. — Quoi! il se pourrait que vos courses fussent productives? — Entendons-nous : souvent elles ne nous rapportent rien; mais quelquefois aussi le hasard vient à notre aide. — Je ne conçois pas... — C'est possible; il y a tant de choses à Paris qu'un Parisien lui-même ne voit ni ne conçoit. Certes, vous ne vous douteriez jamais que la misérable profession à laquelle j'ai sacrifié mon sommeil me procure de quoi vivre et soutenir un frère plus âgé que moi, qui, le jour, met en ordre ce que j'ai trouvé la nuit, et m'indique l'usage que je dois faire de mes découvertes : c'est d'après ses conseils que j'ai rapporté la semaine dernière à Mme la baronne Cab...... une minute de lettre que j'avais ramassée à la porte de son hôtel. A la finesse du papier, au caractère de l'écriture, qui, suivant mon frère, partait d'une main de femme ; à quelques mots d'amitié un peu plus expressifs que de coutume, et sur-tout à un portrait de mari tracé avec une abondance de détails qui en garantissait en quelque sorte la ressemblance, il jugea que lors même que Mme la baronne aurait fait tirer des copies de sa lettre, elle ne serait pas fâchée de conserver l'original par-dessus le marché. Je m'habillai *de jour*, et je fus bravement attendre que son mari sortît. Je me fis annoncer à madame, comme chargé d'une commission secrète. Après bien des pourparlers, et sur le refus que j'avais fait à la femme de chambre de lui remettre le petit chiffon de papier musqué que je tenais entre mes doigts, on m'introduisit dans le cabinet de Mme la baronne. Je la regardai avec des yeux qui la firent sourire ; j'aurais passé à la contempler toute ma journée, si, avec un son de voix qui manqua me faire trouver mal, elle ne m'eût demandé le motif de ma visite. J'avançai la main sans oser dire une parole, et je lui remis le billet enveloppé... A peine eut-elle jeté les yeux dessus, qu'elle fit un petit cri, et me demanda, de la façon la plus polie, comment ce chiffon, car c'est ainsi qu'elle le baptisa, se trouvait en ma possession ; je le lui expliquai tant bien que mal, en y ajoutant les réflexions et les conjectures de mon frère aîné, qu'elle eût la bonté d'appeler un homme d'esprit. Quand j'eus fini, elle tira d'une espèce de gibecière de maroquin rouge une petite pièce d'or qu'elle accompagna d'un remercîment qui me fit presque autant de plaisir que le reste.

» Il y a quelque tems, j'eus une bonne fortune moins agréable, mais encore plus lucrative ; j'avais jeté dans ma hotte une quantité considérable de papiers déchirés que j'avais ramassés auprès de la maison d'un gros banquier, qui, par parenthèse, devait donner une grande fête le surlendemain : en rentrant, je remis ma hotte à mon frère, qui en fit l'inventaire. Au milieu d'une foule d'états, de bordereaux, de lettres, de comptes insignifians, il aperçut un papier plié en quatre, qui, par l'effet de cette précau-

tion, n'avait pas été entamé. Il le déploya et lut en tête ces mots : *Projet de bilan de M...., banquier, rue.....* « Allons, Cadet, me dit-il
» en me frappant sur l'épaule, encore une bonne
» découverte! il ne faut pas perdre de tems pour
» profiter de celle-là; » et soudain il prend une plume et se met en devoir de copier le projet qu'il vient de lire. Dès qu'il eût fini, il me chargea de le porter à son adresse. J'arrivai comme M.... venait de prendre de l'argent d'un de ses amis, qui sortait en se félicitant du placement qu'il avait fait. Je lui donnai la note et la copie de mon frère. Il les parcourut d'un air effrayé, me demanda dix fois dans un quart d'heure si je n'avais pas confié à d'autres le papier que le hasard m'avait fait découvrir; et à chacune de mes réponses négatives, il se promenait dans son cabinet en se frottant les mains et en s'écriant : « Que c'est heureux! Mon Dieu,
» que c'est heureux! » Il alla s'asseoir ensuite à son bureau, et se mit à écrire une petite lettre qu'il me chargea de remettre à mon frère; il me glissa dans la main une dixaine d'écus, en m'annonçant que ce n'était là qu'un échantillon de la récompense qu'il nous destinait. Effecti-

vement, mon frère en revint une heure après avec la moitié d'un sac d'écus de cent sous. Si M.... avait eu affaire à des gens sans probité, ils auraient communiqué son projet de bilan à ses créanciers ; mais avec nous il n'avait rien à craindre ; aussi, dès le soir même, mon frère lui rendit son papier. Il nous avait payé si généreusement! Deux jours après, ce brave homme fit sa banqueroute en toute sûreté de conscience.

» Ces deux accidens ne sont pas les seuls qui aient signalé mes courses de nuit ; le hasard a mis sur mon chemin des bijoux, des manuscrits, des enfans ; avec le tems, tous ces objets ont trouvé des propriétaires, d'autres sont encore entassés dans nos magasins. Mais je m'aperçois à la neige qui tombe qu'une plus longue station en cet endroit aurait pour vous des inconvéniens que je suis accoutumé à braver depuis long-tems ; je vais reprendre mon falot et vous souhaiter une nuit plus chaude que la mienne. Si vous êtes curieux de connaître plus amplement la vie que nous menons, et la bizarrerie des aventures auxquelles quelques-unes de mes découvertes ont donné lieu, venez, ce matin, rue Croule-Barbe, n° 11 ; demandez les deux frères Jérôme ; là, nous nous expliquerons d'autant plus volontiers que nous n'avons rien à redouter d'une pareille confidence. »

J'acceptai sa proposition. Il me remercia de la preuve que je lui en donnai, et s'éloigna en fredonnant à demi-voix un refrain de vaudeville.

Après un sommeil de quelques heures, je me levai, et, fidèle à ma parole, je pris la route de la rue Croule-Barbe ; à midi, je frappais au n° 11.

Au seul aspect de la maison, il était facile de deviner le peu d'aisance des locataires. Ce modeste édifice se composait d'un rez-de-chaussée, d'un premier étage éclairé par deux petites fenêtres de douze carreaux, dont cinq seulement étaient de papier ; le grenier recevait le jour par une lucarne. Les murs, quoique recrépis et blanchis, étaient lézardés en plusieurs endroits.

Jérôme aîné vint m'ouvrir la petite porte grise qui servait d'entrée à cet asile consacré au travail et à l'industrie. C'était un homme de 28 à 30 ans, d'une taille au-dessus de la moyenne ; sa physionomie ouverte prévenait en sa faveur ; ses yeux noirs, qu'il tenait constamment fixés sur vous lorsqu'il attendait votre réponse, annonçaient une pénétration au-dessus de son état ; une veste brune, un pantalon bleu par devant, un chemise de grosse toile de Flandre dont le col était rabattu sur ses épaules, des souliers sur lesquels brillaient deux boucles d'argent dépareillées ; tel était à peu près le costume de Jérôme : son langage était simple. Pendant toute la matinée que je restai chez lui, je m'aperçus qu'il évitait les fautes de langue avec un bonheur qui pouvait passer pour de l'adresse. Il m'introduisit d'abord dans une petite chambre basse, dont l'ameublement consistait en quatre chaises de paille et une table de sapin ; un vieux portrait de conseiller au parlement, que l'aîné des frères avait acheté dans une vente parce qu'il ressemblait à son père, était suspendu à un clou, en face de la porte.

Ce fut le premier objet qui frappa mes regards en entrant. Jérôme s'en aperçut, et après m'avoir donné quelques renseignemens sur la manière dont il s'était procuré ce portrait, il m'annonça que son intention était de compléter la ressemblance. Pour y réussir, il devait prier un *peintureur* de ses amis de déshabiller le conseiller et de le revêtir d'un habit marron, costume ordinaire du père Jérôme, qui, de son vivant, avait exercé la joyeuse profession de musicien de guinguette. Après avoir consacré la majeure partie de son existence au plaisir de ses concitoyens, il était allé mourir gaîment à l'hôpital, laissant pour héritage à ses enfans un nom ignoré, l'exemple d'une probité routinière et l'habitude des privations. Les fils, plus actifs que le père, avaient essayé, sans succès, plusieurs métiers. Une circonstance heureuse avait décidé de leur vocation. Le plus jeune, en rentrant un soir à la maison, trouva une bague en diamans; il la rapporta le surlendemain au propriétaire, qui l'avait réclamée sur tous les murs de la capitale, et reçut pour prix de son exactitude la récompense affichée. Ce hasard inspira aux deux frères l'idée de se mettre à la recherche des effets perdus. Il y en a sans doute à Paris qu'on retrouve aisément; par malheur, ce n'est pas le plus grand nombre.

Le petit Jérôme avait raconté notre entrevue nocturne : j'étais, pour ainsi dire, annoncé; je fus reçu comme une vieille connaissance. A la suite des détails que je viens de transcrire, Jérôme aîné me proposa de passer dans ses magasins : j'étais trop curieux de les connaître pour refuser. Nous entrâmes d'abord dans une pièce beaucoup plus grande que celle que nous quittions ; elle donnait sur une cour dans laquelle étaient amoncelées les découvertes de plusieurs nuits, qui attendaient le moment d'être classées suivant la nature et l'importance des objets.

Ceux qui remplissaient le magasin que nous visitions étaient de peu de valeur : c'étaient de vieux linges, des morceaux de verre, de ferraille, des débris d'affiches de toute espèce ; dans un coin étaient entassés une grande quantité d'os, qui n'étaient pas destinés à étendre les bienfaits de la gélatine. Tous ces objets avaient déjà subi une préparation ; ils s'offraient à l'œil, dépouillés de ce qui aurait pu servir à indiquer le lieu où ils avaient été ramassés ; leur propreté me donna une idée avantageuse des frères Jérôme. Celui qui m'accompagnait sourit de mon étonnement, et me désignant *ses marchandises* : « On se ferait très-difficilement, me dit-il, une idée des ressources que présente notre misérable commerce. Ces effets cassés, déchirés, sur lesquels le passant jette un regard dédaigneux, ont encore leur utilité. Pétris et fondus de nouveau par les soins du verrier, ces morceaux de verres, de bouteilles, deviendront des verres entiers, des bouteilles toutes neuves et remplies d'une liqueur enivrante; d'un vin généreux, leur aspect réjouira quelques vieux amis de la table. Ces os, que l'industrie humaine dispute à l'appétit des animaux, changeront de forme au gré de l'ouvrier, et deviendront des ustensiles de ménage, des instrumens de plaisir. Il n'y a pas de cuisine un peu famée à Paris, qui n'ait fourni son millier de bouton ou sa douzaine de jeux de domino. Ces affiches, que dans sa tournée mon frère arrache, ces feuilles de papier qu'il ramasse avec une constance qui fait sourire de pitié celui qui le regarde, façonnées par le cartonnier, serviront de jouet à l'enfance ; enfin ces morceaux de toile, d'étoffe, perdant leur première forme, se changeront en feuilles légères ; et, par un de ces hasards si communs dans ce monde, le millionnaire impromptu transcrira peut-être l'état de sa fortune sur les lambeaux de sa première chemise. »

Jérôme me fit ensuite entrer dans une autre pièce qui lui servait de bureau. Il avait établi tout autour de petites cases où étaient déposés les objets de quelque valeur, ceux d'un plus haut prix étaient renfermés dans une grande boîte, avec une étiquette portant la date de la nuit et l'indication du lieu où ils avaient été trouvés; toujours à la disposition de ceux qui auraient pu les réclamer, il ne les regardait comme sa propriété qu'au bout de six mois; à cette époque, il en disposait. Parmi les objets qu'il me montra, je crus reconnaître un portrait de femme; il rappelait avec un peu de flatterie les traits de Mme de B...... D'après ce que Jérôme me dit, je conjecturai que cette miniature, entourée d'un cercle de brillans, avait été ramassée aux environs de l'hôtel du comte M......, son parent très-éloigné. A tout hasard, je donnai à Jérôme l'adresse du comte; je suis certain qu'il sera enchanté d'avoir en sa possession un portrait qu'au besoin l'on pourra prendre pour celui de sa cousine.

Après m'avoir fait passer en revue ce que renfermait son magasin; après avoir étalé à mes yeux une quantité assez considérable de bijoux dépareillés, mutilés, Jérôme me montra son registre. Là, étaient inscrits par ordre les résultats de chaque voyage nocturne; en le parcourant, je tombai sur un feuillet où je lus ces mots : *Le 19 août, trouvé au coin de la rue Duph......, à deux heures du matin, un enfant enveloppé dans une couverture de coton et déposé sur la borne de la porte n° 15....* « Oh ! me dit Jérôme, ce n'est pas la seule rencontre de cette nature que mon frère ait faite ; mais du moins, cette fois, elle tourna à l'avantage de la pauvre petite créature abandonnée. Cadet s'étant aperçu qu'elle respirait encore, la posa doucement dans sa hotte. Quoiqu'il n'eût pas terminé la course qu'il se proposait de faire, il revint sur-le-champ à la maison, et me confia son aventure. Je m'habillai, je me dirigeai vers la rue Duph.....; je me mis en sentinelle devant le n° 15 ; j'y étais depuis une heure environ, lorsque la porte s'ouvrit. Je vis sortir une jeune fille dont la pâleur était extrême ; sa démarche était pénible, son maintien embarrassé : elle baissait les yeux ; mais un mouvement involontaire lui fit tourner la tête vers l'endroit que mon frère m'avait indiqué. Elle s'arrêta un instant, et tira son mouchoir comme pour essuyer quelques larmes. Je ne doutai plus qu'elle ne fût la mère du petit infortuné que nous avions recueilli ; je marchai droit à elle ;

mon abord la surprit, mon regard l'effraya ; elle me prit la main, et d'une voix étouffée......
« Au nom du ciel, ne me perdez pas, dit-elle. »
Je la rassurai. La certitude que la mauvaise action qu'elle avait commise serait ignorée de tout le monde lui rendit un peu de calme ; le soir même, l'enfant fut placé en nourrice ; les premiers mois, je veillai sur lui. Quelque tems après sa mère me fit part de son mariage ; elle est heureuse : son petit Jérôme, car je suis son parrain, se porte à merveille ; et je me dis en l'embrassant quand il vient me voir : Il y a dans ce monde un être au bonheur duquel j'ai contribué. »

Jérôme achevait ces paroles lorsque son frère se présenta ; vêtu très-simplement, mais avec propreté, il n'était pas reconnaissable : il me pria d'excuser la façon un peu cavalière dont il m'avait reçu la nuit précédente. « Avec les habits du métier, je suis contraint d'en prendre le ton, me dit-il ; c'est malheureusement la première fois que j'ai eu à m'en repentir : on fait si peu de cas de nous ! On nous traite si grossièrement, qu'en comparant mes réponses aux questions qui m'ont souvent été adressées, je me suis constamment trouvé d'une politesse extrême. »

Il remit à son frère la note des objets qu'il avait récoltés. Je me rappelle que dans le nombre il se trouvait, 1° un volume de Panard et un exemplaire de l'*Anthologie*, auxquels il manquait plusieurs feuillets. Ces deux ouvrages avaient été trouvés à la porte d'un auteur de vaudevilles qui travaille toujours en compagnie; 2° un petit costume d'ouvrière, qui avait été jeté sous les fenêtres de Mme Darlincourt, rue du Helder. C'était le premier habit d'une jeune fille qui avait cru devoir assortir sa parure à son logement, et qui, arrivée l'avant-veille à la Chaussée-d'Antin, s'était promptement débarrassée de tout ce qui pouvait lui rappeler le faubourg Saint-Jacques. Il prit ensuite congé de nous pour porter à la préfecture un portefeuille qui contenait une somme considérable en billets de banque, ou du moins pour prévenir l'autorité que le hasard l'en avait rendu dépositaire.

Nous nous sommes obligés à de pareilles confidences, me dit l'aîné des Jérôme, lorsque son frère fut parti, ce sont les seules auxquelles nous ayons consenti. Cadet, ainsi que vous venez de le voir, se lève à midi, la plupart du tems, il s'occupe de l'arrangement des effets jusqu'au moment où, la hotte sur le dos, il reprend la route de Paris. Chaque quartier est tour-à-tour visité par lui; il s'informe en passant des hôtels où l'on donne des fêtes pour y retourner le lendemain ; il est rare que dans la confusion d'une assemblée, d'un bal, il n'y ait pas quelque chose à gagner pour le chiffonnier. Dès qu'il rentre, je me lève; ma matinée est employée à mettre en ordre ce qu'il rapporte; je classe les objets, j'estime leur valeur; c'est moi qui suis chargé de voir le marchand en gros de vieux linges, qui gagne encore moitié sur celui que nous lui vendons, le fabricant de cartons, le verrier, etc., etc. Il y a plus de dix ans que nous nous sommes voués à ce pénible métier, qui, en nous isolant du reste des hommes, occupe utilement notre vie. Tout le monde n'en voit que les désagrémens, et nous ne sommes obligés de confier à personne les chances heureuses qu'il nous procure. La plus stricte économie préside à nos dépenses; et, grâce à cet usage, auquel le peu d'ordre de mon père accoutumait de tems à autre notre enfance, et dont nous ne nous écartons jamais, même dans nos jours de bonheur, nous avons trouvé le secret de nous assurer une retraite

LE CHIFFONNIER.   237

pour l'avenir ; j'ai acheté sous main cette mâsure, que je me garde bien de faire réparer ; son délâbrement est un bouclier contre l'envie. »

Ce raisonnement de Jérôme me surprit moins que la multiplicité des ressources que lui procurait son état. Cependant, à force d'y penser, je me rappelai le château du valet de chambre du duc....., l'hôtel du perruquier de M. le prince de M...., les équipages de l'ancienne domestique de Mme la marquise N...., et je cessai de m'étonner de la baraque du chiffonnier.

N° XIX. — 5 *février* 1818.

LE PROTECTEUR.

> Le succès fut toujours un enfant de l'audace.
> CRÉBILLON.

« Tant que je vivrai, disait le ministre Fleury à l'abbé de Bernis, votre nom ne sera point porté sur la feuille des bénéfices. — Monseigneur, j'attendrai, répondit le jeune abbé en tirant sa révérence au vieux prélat. » Cette répartie, dans laquelle il entrait plus de malignité que de résignation, courut le monde et commença la brillante fortune de M. de Bernis, dont chacun admirait la présence d'esprit.

S'il y a quelque mérite à profiter habilement des circonstances, il y en a sans doute davantage à les faire naître, à les diriger. Une connaissance parfaite du cœur humain et l'habitude des intrigues de la société ne suffisent pas toujours pour y parvenir. Ce grand art exige la réunion d'une foule de qualités qui sont rarement le partage d'un seul homme. Peu de gens lisent à travers le tems et sont dans la confidence de l'avenir; peu de gens sont doués de cette force de caractère qui soumet les événemens aux calculs de notre prévoyance, et les hommes à la puissance de notre génie.

J'ai connu dans ma jeunesse un grand personnage qui possédait cette science de lire la pensée. Chacune de ses entreprises était couronnée du succès, parce qu'il variait à l'infini ses moyens de séduction, et qu'il les assortissait aux tems et aux hommes. Il savait brusquer ou attendre à propos. Il attaquait celui-ci avec les armes de la raison, et ne se servait avec celui-là que des flèches acérées du ridicule. Tantôt, déguisant son ambition sous le masque de l'indolence, et plus tard affichant ses prétentions avec éclat, adroitement timide ou franchement audacieux, il marchait toujours droit à son but sans avoir l'air d'y songer, et se jouait des obstacles qu'on lui opposait, parce que ne pas s'en effrayer c'est déjà les avoir à moitié vaincus.

Ses bons mots réfléchis dans le silence du cabinet et qu'il improvisait ensuite naturellement dans le monde, lui avaient donné une grande réputation de causticité. On en faisait de petits proverbes politiques, qui, selon ses amis, devaient un jour faire partie de l'instruction des hommes d'état. Ils avaient grand soin de lui attribuer tous ceux qui se débitaient en cachette ; sa renommée spirituelle croissait ainsi de jour en jour aux dépens de quelques imprudens anonymes, bien aises de s'être débarrassés de la responsabilité d'un bon mot, et son nom servait de passe-port aux épigrammes de l'opposition, qui, grâce à ce certificat d'origine, circulaient librement dans la société.

Placé dans un rang qui aurait satisfait toutes les ambitions, le comte, entouré d'une cour nombreuse, savourait en riant les hommages rendus à sa puissance. Sa maison était le rendez-vous d'une jeunesse brillante, qui, sous ses auspices, aspirait à monter aux honneurs ; il régnait parmi tous ces jeunes rivaux une noble émulation. Chacun d'eux épiait un sourire, un mot du comte, et en faisait une espérance qu'il étendait au gré de ses vœux. Leurs prétentions et sur-tout la manière de les annoncer variaient en raison de leurs caractères. Celui-ci se faisait un droit de sa galanterie, ses attentions multipliées auprès de la comtesse avaient à ses yeux la valeur de titres incontestables, et peu s'en était fallu que dans ses états de services il ne comptât ses visites comme des campagnes; celui-là, prenant une route opposée, ne s'occupait que du maître de la maison; il volait au-devant de ses moindres désirs avec un empressement extraordinaire; rien ne lassait sa complaisance. Je ne sais si le jeune Amédée était propre à l'emploi qu'il sollicitait; mais il s'était fait un grand ennemi du valet de chambre, qui le regardait comme un rival dangereux. Un troisième appuyait ses prétentions sur quelques petits vers publiés à chacune des époques glorieuses de la vie du comte; un grand nom qu'ils traînaient avec peine, une grande fortune qu'ils dissipaient sans plaisir, tels étaient les titres de quelques autres qui se distinguaient de la foule des concurrens par une assurance qui humiliait leurs rivaux.

Au milieu de ce peuple de petits ambitieux, le comte, assailli de toutes les manières, distribuait au hasard quelques mots flatteurs, quelques paroles obligeantes qui tombaient dans l'oreille du premier venu et ranimaient sa patience. Grâce à ce manège adroit qu'il renouvelait sans cesse, le comte ne désespérait aucun de ses courtisans, et sa faveur, qu'il ne prodiguait pas, continuait d'être à l'enchère.

Toute fortune est sujette aux revers; celle du comte n'en fut point exempte. Il perdit le plus brillant de ses emplois et s'aperçut le lendemain que son salon était devenu bien grand. Son successeur éprouvait le contraire. Les gens adroits qui sentent qu'on ne peut toujours laisser le génie sur le pavé, se gardèrent bien de s'éloigner du comte durant sa disgrace. Il ne faut jamais abandonner les malheureux qui ne doivent pas l'être long-tems; c'est un principe d'humanité consacré par l'expérience des courtisans. Le comte, d'ailleurs, n'était point un de ces personnages qui n'empruntent leur considération, leur puissance, que du poste éminent où ils sont placés.

Parmi les gens qui venaient lui faire une cour assidue, le comte avait remarqué un jeune homme dont la modestie annonçait le talent. Il le vit avec plaisir revenir chez lui plus souvent encore depuis sa disgrace. Cette attention le flatta. Il le prit un soir à part, et avec ce ton de bonhomie qui lui était familier : « Estève, lui dit-il, je m'intéresse vivement à vous; il faut vous placer, mon ami. — M. le comte, je ne demande pas mieux, mais jusqu'à présent les démarches que j'ai faites pour y parvenir ont été infructueuses. — Le duc de ..... vient d'être chargé d'une mission diplomatique auprès d'une cour du Nord; il faut partir avec lui. — Je le voudrais de tout mon cœur, mais je ne puis raisonnablement l'espérer; je n'ai pas l'honneur d'être connu de M. le duc. — Qu'importe! — Il faudrait donc une protection puissante. — Si je n'étais pas disgracié, je vous offrirais la mienne. — La vôtre, M. le comte. — Le souvenir du passé donne encore à mon nom quelque apparence de crédit ; j'espère vous en fournir bientôt la preuve : voici un mot pour le beau-frère du duc, qui a beaucoup d'empire sur son esprit ; allez de ma part lui remettre cette recommandation. » Estève, enchanté, sort, et revient le lendemain un peu moins joyeux que la veille.

Le beau-frère ne peut rien ; tous les emplois de la maison du duc sont promis, donnés. Un seul est encore vacant, c'est celui de secrétaire intime ; il ne peut être rempli que par un homme connu de l'ambassadeur ; la lettre de M. le comte était très-pressante, mais les recommandations écrites n'ont qu'une valeur de convention ; pour donner du poids à celle d'Estève, il faudrait que M. le comte prît la peine de voir son excellence. Cette démarche la déciderait peut-être en sa faveur, telle est la réponse qu'Estève a reçue, et qu'il transmet à son protecteur.

Le comte est décidé à servir son protégé ; il connaît le prix du tems et sait que les places appartiennent quelquefois au premier venu ; il fait mettre les chevaux à sa voiture et court lui-même chez l'ambassadeur. A son nom, les portes s'ouvrent, et S. Exc. elle-même s'empresse d'aller le recevoir. Malgré la précipitation qu'il a mise, le comte a la douleur d'apprendre qu'il est arrivé trop tard ; la place vient d'être promise. S. Exc. en est au désespoir, mais elle ne peut pas manquer à sa parole. Le mal est sans remède, c'est ce que pense le duc ;

mais si j'en crois le sourire malin du comte, il emporte en le quittant une espérance que son génie fécond en ressources ingénieuses va travailler à réaliser.

Estève, qui a employé tout le tems de l'absence du comte à regarder la pendule du cabinet, qui a vingt fois tressailli de plaisir et de crainte au bruit de chaque voiture entrée dans la cour de l'hôtel ; Estève, les yeux fixés sur la porte d'entrée, vient d'apercevoir la livrée du comte; son cœur bat avec violence ; il court au-devant de lui et s'arrête au haut de l'escalier où son protecteur est déjà parvenu. « Eh bien ! mon ami, lui dit celui-ci en riant, j'ai échoué. » Estève pâlit. « L'ambassadeur ne veut pas recevoir un secrétaire de ma main, il ne le veut pas absolument. — Son refus m'afflige, mais il ne saurait m'étonner ; je n'avais d'autres droits à sa bienveillance que la protection dont vous daignez m'honorer ; je regrette seulement la peine que vous avez prise et la démarche que vous avez eu la bonté de faire.—Elle ne sera pas inutile. — D'après le refus de S. Exc. il ne me reste plus aucun espoir. — Je ne me tiens pas pour battu ; le duc apprendra qu'on ne se débarrasse pas de moi aussi facilement qu'il le croit, et qu'accoutumé à jouer avec les difficultés, je m'alarme peu de l'obstacle qu'il m'a opposé. — Du moment que l'ambassadeur ne veut pas que je fasse partie de sa maison, je dois... — Y entrer malgré lui. — Malgré lui! — Sans doute. Cela vous étonne; quand vous serez un peu plus savant en diplomatie, vous apprendrez qu'il y a mille circonstances où l'on force un ambassadeur à agir contre sa volonté. »

Le comte fait signe à Estève de s'asseoir. « Prenez une plume et écrivez sous ma dictée une lettre de remercîment à S. Exc. — Je ne comprends pas. — Vous êtes un enfant, faites ce que je vous dis.... « Monseigneur; le comte....
» vient de m'annoncer que votre EXCELLENCE
» (excellence en gros caractère, c'est la pre-
» mière fois qu'il est ambassadeur) avait daigné
» m'accorder sa confiance et l'emploi de son se-
» crétaire particulier »... — Mais, M. le comte, ne m'avez-vous pas dit le contraire! — Sans doute; si le duc se fâche, c'est moi qui me serai trompé...; la position dans laquelle votre lettre le placera est extrêmement difficile, je ne sais comment il s'en tirera. L'ambassadeur est ti-

mide, il sait que je ne reste pas long-tems à terre, peut-être ne prendra-t-il conseil que de sa prudence, et, dans ce cas, il ne voudra pas me désobliger. Achevez donc. « J'ai l'hon- » neur de supplier votre Excellence de vou- » loir bien m'indiquer le jour ou l'heure où » je pourrai me rendre auprès d'Elle pour lui » témoigner ma reconnaissance... etc., etc. » Ne craignez pas d'en trop mettre. Maintenant cachetez cette lettre et faites-la porter à l'hôtel du duc. — Je n'oserai jamais. — Enfant, souvenez-vous qu'en toutes choses le grand point est d'*oser*. Le comte sonne, donne la lettre à un de ses domestiques qu'il charge de la remettre à S. Exc. Deux heures sont à peine écoulées, le messager rapporte une réponse.... Elle est à votre adresse, dit le comte à son protégé, tremblant de décacheter un billet qui contenait son arrêt.... Il n'ose en croire ses yeux!... Le duc l'attend le lendemain matin à son hôtel.... Eh bien! jeune homme, avais-je tort de ne pas abandonner la partie? Les grands et les femmes ne se rendent pas toujours à la première attaque. Venez me prendre ; je veux avoir le plaisir de vous présenter moi-même au duc.

Estève est installé. L'ambassadeur accable de remercîmens son protecteur; il semble à l'entendre qu'il lui ait rendu un grand service. L'ambassade part; on arrive à Berlin. Estève a conquis l'estime de son maître; des témoignages flatteurs en sont la preuve. Un matin, le duc le fait appeler.. « Je viens d'apprendre, lui dit-il avec une émotion qu'il ne prenait pas la peine de déguiser, que vous avez laissé en France un oncle sans fortune, et que vous consacrez une partie de vos appointemens à soulager sa vieillesse. J'applaudis à votre exactitude à remplir ce devoir pieux, mais le traitement que vous recevez ne peut que suffire à vos besoins, et je ne veux pas que vous supportiez une plus longue privation. » Estève interdit ne sait que répondre; il s'étonne qu'un secret, qu'il a caché avec tant de soin, ait été si rapidement découvert. Le duc montre à son secrétaire une lettre ouverte. — L'ambassadeur, qui devine la cause de son trouble, lui dit avec une grâce qui aurait fait pardonner de plus grands torts: « La manière dont vous m'avez été imposé m'inspirait quelques craintes, j'ai cherché à les faire cesser.... et pour y parvenir j'ai décacheté vos lettres.... Vous me pardonnerez cette petite curiosité.... vous qui décachetez toutes les miennes. »

Dans cette excuse aimable, Estève vit encore une nouvelle application du précepte de son protecteur : *Pour réussir, il faut oser.*

N° XX. — 28 *février* 1818.

UN HOTEL GARNI.

> Dans cent ans, le monde subsistera encore dans son entier ; ce sera le même théâtre et les mêmes décorations : ce ne seront plus les mêmes acteurs.
> La Bruyère.

Notre capitale a sans doute de grands avantages ; mais comme ici-bas les biens et les maux sont presque toujours mêlés ensemble, le séjour de Paris offre aussi des inconvéniens réels. Je n'entreprendrai point aujourd'hui d'en analyser le nombre, car le hasard ne m'a pas encore mis dans la confidence de tous ; mais en attendant que le tems et les circonstances complètent mon instruction à cet égard, je signalerai à mes lecteurs une de ces mille et une contrariétés auxquelles sont exposés les habitans de la vieille Lutèce.

Non-seulement plusieurs rues de Paris portent le même nom, ce qui donne lieu à des erreurs continuelles; mais il arrive aussi que plusieurs hôtels garnis ont adopté la même enseigne, et comme assez ordinairement ils sont très-éloignés les uns des autres, il en résulte pour celui qui les cherche un surcroît de courses inutiles et une perte de tems irréparable.

Je fus chargé, l'an dernier, d'une commission pour un certain baron de Flattin, qui était parti de sa province avec l'intention de faire fortune avant d'y retourner. Il était logé, m'avait-on écrit, hôtel de S..., rue de Richelieu. Cette indication précise ne me laissait aucun doute sur le domicile du baron, et je fus on ne peut plus étonné lorsqu'en me présentant à l'adresse qu'on m'avait envoyée, j'appris du maître de la maison que non-seulement M. Flattin ne demeurait pas dans son hôtel, mais encore que jamais il n'y avait demeuré.

C'est vraiment une espèce de bonne fortune pour un observateur que le spectacle d'un hôtel garni. Cette succession de personnages gais ou tristes, ce mélange d'individus qui diffèrent entre eux de langage, de mœurs, de projets, d'opinion, et que le hasard a réunis sous le même toit, offre sans cesse ou des ridicules à saisir, ou des caractères à esquisser.

Je faisais cette réflexion en voyant un grand homme sec et maigre, vêtu de noir des pieds jusqu'à la tête, descendre lentement l'escalier. Ses yeux étaient fixés sur une petite lettre qu'il déployait avec précaution, et paraissait lire avec complaisance. Au timbre qui couvrait une partie de l'adresse, il était facile de reconnaître un de ces rendez-vous ministériels que les solliciteurs adroits obtiennent si facilement, et dont on s'exagère l'importance la première fois qu'on les reçoit. A en juger par l'air de contentement qui brillait sur son visage, notre provincial n'était pas encore accoutumé à de pareilles faveurs. Le maître de la maison, qui s'aperçut de l'attention avec laquelle j'examinais son locataire, s'empressa de m'avertir qu'il était arrivé depuis peu (je l'aurais parié); et pour me détourner de l'idée que, selon lui, je pourrais avoir conçue que ce même homme était celui que je cherchais, il ajouta : « C'est un de ces pauvres diables que le malheur a pris en affection. Il possédait une petite place dans son département; il l'a perdue par les soins d'un ami qui s'en trouve chargé maintenant. Il comptait sur une pension de retraite; mais il lui a manqué dix-huit jours pour avoir le tems d'exercice nécessaire. Muni de quelque argent et d'une pacotille de recommandations très-pressantes, il est parti de Saint-Maixent pour la capitale, où il ne connaît personne autre qu'un vieil ami de collége, qu'il n'a pas revu depuis quarante ans, et chez lequel il s'est inutilement présenté deux fois.

Réduit aux grands qu'il poursuit de ses prières, aux ministres qu'il assomme de pétitions, il est continuellement en visites. Depuis qu'il est à Paris; il n'a pas quitté l'habit noir, le jabot plissé, la culotte de soie à cordons, et les souliers à boucles dorées. Ses recommandations ne lui ont valu, jusqu'à présent, que deux indigestions et un rendez-vous auquel il n'a pas pu se trouver, attendu qu'il en a reçu la nouvelle le lendemain du jour où on l'attendait. Malgré le peu de succès de ses démarches, il se berce toujours de l'espoir de réussir, et me cite sans cesse des exemples qui, j'en conviens, ne sont pas faits pour le décourager. Il s'était logé, en arrivant, au second étage ; l'appartement était commode, mais fort cher. Quand j'eus connu le motif de son voyage, je le priai de me céder sa chambre pour un riche négociant anglais, attaqué du spleen, auquel on a recommandé l'usage de Paris pendant six mois, et qui, depuis quatre jours qu'il est dans ma maison, a fait une dépense considérable en maladresses de toute espèce. C'est un homme qui perd une partie de sa fortune en *colères*, et à qui il en coûte toujours beaucoup pour s'être donné le plaisir de se fâcher un moment. »

A l'instant où le maître de la maison achevait de parler, le cérémonieux provincial passa auprès de nous ; il salua d'un air gracieux son hôte, qui eut la complaisance de lui fournir l'occasion de nous annoncer que le ministre l'attendait à onze heures précises ; et comme s'il eût craint que nous ne l'eussions pas parfaitement entendu, il cria au cocher du fiacre dans lequel il se précipita avec plus d'orgueil que d'adresse : « A l'hôtel de S. Exc. Mgr le ministre...... »

En se détournant, le fiacre manqua d'accrocher un bokey qui s'arrêtait devant l'hôtel. Une dame en descendit, ou plutôt elle sauta à terre avec cette légèreté que donne la peur, et qui trouvait une excuse dans l'accident dont elle venait d'être menacée. Sa mise n'avait rien du cérémonieux de celle de notre provincial; une capote verte enveloppait sa figure; un long voile d'Angleterre garantissait ses traits de l'ardeur du soleil et de l'indiscrétion des curieux. Elle passa rapidement devant nous, et, sans s'arrêter, elle dit au portier, qui lui demandait chez qui elle allait... « Le colonel... » C'était probablement son frère, ou un de ses parens. A la grâce de sa démarche, à la souplesse de sa taille, à la fraîcheur de sa voix, qui ne pouvait appartenir qu'à une jeune et jolie femme, et sur-tout à la forme d'un petit pied dont la chaussure élégante doublait encore l'attrait, seul objet que la prudente coquetterie de Mme **** lui permît d'offrir à nos regards, je ne pus m'empêcher de féliciter la famille du colonel de posséder une parente aussi aimable.

Après m'avoir répété de nouveau qu'il ne croyait pas avoir jamais reçu dans sa maison, à titre de locataire, le baron de Flattin, le maître de l'hôtel de S**** m'engagea à m'adresser à sa femme qui, ayant toujours tenu le registre des voyageurs, pourrait me donner des renseignemens encore plus certains. M. Ph****, homme aussi complaisant que bavard, me conduisit lui-même à son épouse, et me quitta pour vaquer à ses affaires.

Mme Ph**** avait quelques années de moins que son mari ; c'était une brune encore assez fraîche ; mais qui, craignant que son embonpoint n'accusât indiscrètement son âge, avait conservé les prétentions de la jeunesse et les minauderies de l'enfance. Sa parure avait trente ans de moins qu'elle, ce qui la vieillissait considérablement. Elle me reçut avec les politesses d'usage pour les nouveaux venus ; elle rabattit un peu de sa considération, lorsque je lui eus expliqué le sujet de ma visite. Le baron Flattin ! répéta, en secouant la tête, un homme qui nouait sa cravate devant une glace, et que je n'avais pas aperçu d'abord. Ce nom-là n'est jamais entré dans l'hôtel, du moins depuis trois ans que je l'habite ; et sans attendre ma réponse notre homme prend ses gants, son chapeau, dépose un baiser respectueux sur la main de l'hôtesse, la salue en souriant, et sort après lui avoir promis de ne pas revenir seul.

Je sus plus tard par une jeune fille de service que ce Monsieur aux manières si lestes faisait, en quelque sorte, partie du mobilier de la maison; il avait appartenu en cette qualité aux deux précédens maîtres de l'hôtel. Né avec une fortune qui s'était en allée en plaisirs, ayant reçu une éducation distinguée, et conservant dans ses manières un reste de ce bon ton qu'il avait acquis dans ses jours d'opulence, Valentin d'Orcey payait son logement en complaisances, sa nourriture en bons mots. Jeune, il avait voyagé dans toute la France, et conservait encore des relations avec plusieurs des principaux personnages qu'il avait connus dans les grandes villes du royaume. Par sa correspondance, il se trouvait instruit du départ et de l'arrivée d'individus qu'il allait reconnaître à leur sortie de la diligence, et ramenait avec lui à l'hôtel, qu'il approvisionnait ainsi de voyageurs. Il faisait avec beaucoup d'habileté les honneurs de la table; son appétit en faisait l'éloge. Il ne lui en coûtait pour se maintenir dans les bonnes grâces de Madame que quelques attentions délicates, des couplets à sa fête, et quelques-unes de ces complaisances dont on prend facilement l'habitude. Quant à M. Ph****, il se trouvait très-bien des soins et de l'activité de Dorcey ; et lorsque dans la conversation on le blâmait de sa condescendance pour son locataire gratuit, il répondait en montrant son registre.

Quoique Mme Ph**** s'en rapportât entièrement à ce que Dorcey avait dit, elle eut la bonté de me prouver, par la composition actuelle du personnel de sa maison, qu'elle ne renfermait aucun personnage qui eût quelque trait de ressemblance avec M. le baron. « Le premier étage, me dit-elle, est occupé par un négociant de Lyon qui est venu faire des opérations de commerce à Paris. Comme dans quelques villes de province les affaires se traitent au spectacle, et qu'on y transforme quelquefois le parterre en une salle de bourse, M. D*** a cru ne devoir rien changer à ses habitudes. Il a choisi le foyer de l'Opéra pour le centre de ses relations commerciales. Il paraît que le séjour de Paris lui est profitable ; car il ne comptait y rester qu'une semaine, et voilà trois mois que nous avons le plaisir de le posséder. C'est un très-honnête homme, ami de l'ordre et des mœurs. Il paie d'avance, et a toujours soin d'avertir lorsqu'il est forcé de passer la nuit au bal. Cela lui arrive souvent; à Paris on danse toute l'année. Il y a deux ans, sa femme a occupé le même appartement pendant dix mois; nous avons l'espérance de la revoir lorsque son mari sera retourné à Lyon.

» A côté de l'appartement de M. D***, est celui d'une dame qui est venue à Paris pour son plaisir, et qui est tombée malade le lendemain de son arrivée. Depuis deux mois, elle n'est pas sortie de sa chambre. Elle doit quitter la capitale dès qu'elle sera rétablie, parce que son mari presse à chaque courrier son retour. La bonne dame aura vu Paris à travers sa fenêtre.... Comptez donc sur les voyages d'agrément.

» Au second, nous avons un Anglais... — Votre mari m'en a parlé. — Il a pour voisin un avocat de province qui est venu à Paris pour y prendre des leçons de déclamation, et une jeune personne qui n'a pas encore d'état fixe, mais qui possède des talens aimables et un caractère charmant ; elle est orpheline. Un chef d'escadron de hussards, jeune homme d'une douceur angélique, qui tient à une famille distinguée, lui a prêté son nom, en attendant qu'il lui donne sa main ; c'est bien le plus joli couple !.... Leur mariage sera le premier qui aura été célébré dans cette maison.

» Un colonel de dragons occupe au troisième le n° 6 ; il est en convalescence à Paris ; aussi ne sort-il que le soir ; mais il n'a pas le tems de s'ennuyer pendant la journée : il reçoit à lui seul plus de visites que tous mes autres locataires ensemble. Le n° 7 est réservé pour un député qui l'occupe depuis dix-sept ans ; il m'a écrit qu'il reviendrait encore l'habiter cette année. Le n° 8 est vacant !.... Il nous y est arrivé un malheur affreux ! Je vous raconterai cela. A côté, c'est-à-dire au n° 9, loge une vieille femme qui plaide en séparation, sous le prétexte qu'elle ne peut plus vivre avec un homme qu'elle a épousé il y a vingt-deux ans. Le quatrième est assez ordinairement appelé l'étage des solliciteurs ; il n'est guère occupé que par des gens qui viennent chercher des places à Paris, et qui souvent y trouvent la misère et le désespoir. C'est l'étage le moins gai. Il s'y est pourtant passé dernièrement une scène assez pláisante. Trois de mes locataires, venant à peu près du même pays, étaient arrivés en cachette à Paris : tous trois visaient à la même place, occupée par un de leurs amis communs. Ils descendent chez moi, et pendant quelques jours le hasard les sert si bien, qu'ils ne se rencontrent pas. Chacun d'eux, en faisant sa demande, avait donné une petite note historique sur ses compétiteurs. Une copie de cette note leur fut remise à tous. Le même jour un coup de pistolet s'étant fait entendre dans l'un des appartemens de la maison, tous les locataires sortirent de chez eux, et ce fut alors qu'ils se virent pour la première fois. Leur surprise, leur colère, leurs reproches mutuels firent un instant diversion à la douleur qui nous accablait...... Un jeune homme de vingt-un ans, fils d'un riche propriétaire des environs d'Angoulême, venait de se tuer dans ma maison.... Ses parens l'avaient envoyé à Paris pour y achever son éducation.... Ce malheureux, entraîné par une passion fatale, avait joué, perdu une somme considérable.... Il n'eut pas la force de supporter ce malheur, et se suicida!... Cela nous a fait bien du tort, ajouta en soupirant Mme Ph****. Nous n'avons pas encore eu le courage de loger personne dans cette chambre. »

Convaincu par ces renseignemens qu'il fallait aller chercher ailleurs ce que j'avais cru trouver à l'hôtel de S***, je prenais congé de Mme Ph****, lorsque le cher Dorcey, précédé d'un porte-faix courbé sous le poids d'une lourde malle, et donnant le bras à un jeune homme, entra en se félicitant de l'heureux succès de sa course. « Monsieur, dit-il, est le fils d'un de mes anciens amis; il vient à Paris se former, s'instruire, orner son esprit, polir ses mœurs, étudier les beaux-arts, et savourer les plaisirs de la capitale.... Où le logerons-nous? — Dans la chambre n° 8, répliquai-je en regardant Mme Ph****, qui s'étonnait de ma réponse; mais avant que de l'y placer vous lui ferez connaître le sort de celui qui l'a occupée avant lui. Le récit de cette aventure pourra troubler son repos pendant quelques nuits; mais il assurera peut-être la tranquillité de toute sa vie. »

Mme Ph**** suivit mon conseil, et le jeune

homme s'en trouva bien. Quant à moi, ce ne fut qu'environ six mois après que j'appris qu'il y avait à Paris une seconde rue de Richelieu, près de la place de Sorbonne. J'y courus; je trouvai effectivement un petit hôtel de S***; mais depuis long-tems le baron ne l'habitait plus.

N° XXI. — 18 mars 1818.

LES USURIERS.

> Comme il y a toujours sur la terre de la santé, de la maladie, il y a toujours des vertus et des vices.
> VOLTAIRE.

Molière a traduit la plus grande partie de nos vices sur la scène ; il s'est immortalisé par la peinture de nos ridicules ; mais la vérité de ses portraits n'a point effrayé ceux qui ont dû s'y reconnaître, et le tems, le maître de toutes choses, qui use plaisir et douleur, le tems n'a point guéri la race humaine de ses infirmités morales.

Nous ne valons ni mieux ni moins que nos pères, mais nous valons différemment : en héritant de leurs vices, de leurs ridicules, nous avons su nous les approprier par les modifications que, suivant les circonstances, nous leur avons fait subir ; les formes seules ont changé.

Nous sommes charlatans, avares, tartufes, pédans comme nos ancêtres; mais nous le sommes à notre façon, qui, certes, en vaut bien une autre.

Un écrivain de beaucoup d'esprit a considéré le théâtre non comme l'école, mais comme le tableau le plus fidèle de nos mœurs, dont les variations nombreuses, les nuances délicates ont été soigneusement enregistrées par Thalie. Observés avec finesse, recueillis dans la société, nos ridicules ont toujours passé du monde sur la scène; chaque auteur s'est emparé avec adresse des originaux de son époque, des travers contemporains; et comme l'exactitude de la copie est à-la-fois le premier devoir du peintre et le plus sûr garant de son succès, il en est résulté que les annales dramatiques sont l'histoire la plus complète des folies humaines.

Toutefois, cependant, le poète comique exerce une certaine influence sur les hommes de son siècle; s'il ne parvient pas à les corriger, il les démasque; il force quelquefois le vice à rougir, à se revêtir d'une enveloppe moins hideuse; la morale n'y gagne pas grand'chose; mais la société, trompée par les apparences, s'abuse elle-même ; indulgente pour des travers qu'on prend la peine de lui cacher, elle admet dans son sein ceux qui sentent la nécessité de se contrefaire pour s'y introduire.

Les usuriers ont long-tems partagé avec les huissiers et les médecins le privilége d'égayer la scène française. Leur langage grossier, leur costume mesquin, leurs manières basses et cupides, provoquaient le rire. A cette époque, voués en public au ridicule, ils s'en consolaient en secret par l'état florissant de leurs honteuses spéculations, mais par un juste retour sur eux-mêmes, ils s'isolaient du monde, et, retirés auprès de leur coffre-fort, relégués au sein de leur famille, qui n'appréciait pas toujours un pareil sacrifice, ils vieillissaient couverts d'or et de mépris.

Aujourd'hui, on ne méprise personne ; j'en excepte pourtant ceux qui sont convaincus du crime de maladresse.

Je me trouvais dernièrement au Luxembourg. Je cheminais silencieusement dans une des longues allées de ce vaste jardin; mes regards s'étaient arrêtés sur une femme qui, dans l'été de sa vie, tenait encore à son printems par la toilette. Sa parure aurait pu être disposée avec plus de goût, mais la richesse lui tenait lieu d'élégance. Chacun de ses bijoux était d'un grand prix, et cependant il régnait dans leur ensemble une disparate choquante ; l'œil le moins exercé s'apercevait facilement que tous ces brillans colifichets ne s'étaient réunis qu'avec lenteur, et que le soin de leur mise en œuvre avait été confié à des mains différentes. Je cherchais à me rendre compte de cette bizarrerie qui me paraissait avoir également frappé quelques personnes qui avaient salué, en souriant, la dame objet de mes remarques, lorsque le vieux chevalier de Vérac me frappa sur l'épaule, et devinant ma pensée..... « Quoi ! me dit-il, vous ne reconnaissez pas Mme d'Apreville, qui, de servante d'un notaire, est parvenue au rang de femme d'un prêteur sur gages, et qui a su se composer avec tous les effets que l'on avait confiés à son mari une garde-robe dont la variété égale la magnificence. Veuve d'un homme qui avait oublié de tenir une note exacte de ses affaires, elle s'est vue forcée de n'écouter aucune réclamation verbale, dans la crainte qu'une confiance aveugle ne l'exposât à des restitutions injurieuses pour la mémoire de M. d'Apreville. On remarque dans son ameublement cette incohérence que vous apercevez dans sa toilette; la pendule d'albâtre de sa chambre à coucher est entourée de deux flambeaux de bronze dorés, les rideaux du lit sont de satin bleu, ceux des croisées de damas jaune, son meuble de salon se compose de six fauteuils et deux bergères de velours vert, et d'un canapé de satin orange, recouvert d'une chemise de basin qui laisse apercevoir, en quelques endroits, la couleur qu'elle devrait cacher.

La société de Mme d'Apreville offre la même bigarrure; elle reçoit chez elle ceux qui l'ont connue avant et depuis son mariage. La familiarité habituelle des premiers contraste plaisamment avec le respect semi-ironique des seconds. L'orgueil de Mme d'Apreville se trouve quelquefois froissé, mais elle préfère ces désagrémens passagers aux scènes piquantes que les distractions de feu son époux lui ont occasionnées dans le monde; c'est à la suite d'une de ces singulières aventures qu'elle a pris le parti de n'y plus reparaître.

Cachant sous les apprêts d'une toilette éblouissante ses trente-sept ans, Mme d'Apreville se présente un jour chez le comte de Fumal. Il s'y trouvait par hasard quelques personnes qui avaient eu des relations forcées avec son mari. A l'aspect de Mme d'Apreville, il se fait un silence de quelques instans, auquel succède bientôt un débordement d'éloges, un concert général d'admiration !.. Tout-à-coup, et comme pour justifier tant de louanges, on s'approche, on regarde, on examine !.. Quelques dames, muettes de surprise, reconnaissent en rougissant la plupart des bijoux dont se pare avec ostentation Mme d'Apreville; moins discrète que ses amies, une jeune veuve, qui n'a rien à cacher, la félicite gaîment du soin qu'elle a de promener sur ses épaules un cachemire qui ne devait sortir de son armoire que pour retourner à sa véritable propriétaire... Confuse, Mme d'Apreville s'excuse sur la nécessité de lui faire prendre l'air : sa réponse naïve a mis la société en belle humeur.... Les personnes qui ont sollicité ses services, et payé au poids de l'or ses plus légères complaisances, saisissent avec une sorte de plaisir l'occasion de se venger sur la femme de l'usure du mari; on l'entoure, on la questionne sur le prix de ses diamans; on vante la richesse et le goût de ses moindres parures ; on estime leur valeur, et la jeune veuve demande, en riant, quelle somme on prêterait sur d'aussi jolis bijoux ?... Cette question met le comble à la confusion de Mme d'Apreville, qui prétexte une migraine affreuse, et quitte sur-le-champ l'assemblée. Par un excès de politesse, on se fait un devoir de l'accompagner jusqu'à sa voiture, où elle monte en se promettant bien de ne jamais s'exposer à une semblable avanie. Depuis ce jour, Mme d'Apreville n'a plus reparu dans le monde, et les rieuses n'ont point revu leurs bijoux. Ils faisaient partie des objets dont le pauvre défunt avait oublié de tenir note. En achevant ces paroles, le chevalier me serra la main en signe d'adieu, et se dirigea vers un groupe de curieux, à qui, sans doute, il allait répéter son anecdote historique.

Je rentrai chez moi, où m'attendait Alphonse de R..., le plus jeune de mes neveux. Tristement assis dans mon grand fauteuil, les deux bras croisés sur sa poitrine, la tête inclinée vers la terre, il était dans l'attitude d'un homme qu'une grande douleur oppresse. Il ne m'aperçut que lorsque je fus près de lui : ma vue parut lui faire éprouver un sentiment de plaisir et de peine ; il se leva avec vivacité, fit un pas vers moi, s'arrêta un instant et courut se précipiter dans mes bras.

Alphonse a dix-huit ans, ce n'est pas l'âge de la sagesse, sur-tout à Paris. Son père l'a envoyé prendre l'air de la capitale, et y achever ses études. Alphonse n'a encore satisfait qu'à moitié aux désirs de son père. Le monde l'a séduit. A peine arrivé, il s'est trouvé admis dans des sociétés brillantes, où plusieurs jeunes gens de son âge ont entrepris de lui faire perdre ses habitudes provinciales. Elles n'étaient pas de nature à faire une longue résistance. Docile aux conseils de ses jeunes amis, Alphonse a copié avec succès leur ton léger ; il s'est livré avec ardeur à tous les plaisirs de la capitale. La modeste pension que lui faisait son père n'a pu suffire à sa dépense ; ce motif aurait pu l'arrêter, s'il n'avait trouvé dans un de ses camarades une ressource que son amour-propre ne lui a pas permis de refuser.

Fils d'un riche banquier, Eugène, qui n'attend que sa majorité pour entrer en possession des biens de sa mère, a fait pendant sa minorité la connaissance de quelques capitalistes, qui se chargent volontiers de placer les fonds d'autrui : ces messieurs ont toujours une grande confiance dans la probité des jeunes gens qui empruntent; indulgens pour des faiblesses qu'ils ne partagent plus, mais dont le souvenir leur est encore cher, ils se font un devoir de dérober aux parens sévères la connaissance des étourderies de leurs enfans. Leur morale aisée trouve des excuses aux fautes les plus graves, et leur conscience n'est pas moins facile que leur bourse.

Ces capitalistes tiennent bureau ouvert de secours pour la jeunesse; ils échangent contre quelques feuilles de papier timbré dont ils promettent solennellement de ne pas faire usage, et qu'ils escomptent le lendemain, de l'argent et des bijoux, des effets que, la plupart du tems, ils rachètent sous main à l'emprunteur.... Et ne croyez pas qu'il faille, pour se procurer ce grand avantage, des sacrifices énormes, des certificats de vertu, de conduite, de mœurs, des preuves d'honnêteté, des principes.... Les capitalistes en question ont une autre délicatesse; il ne leur faut qu'un petit morceau de papier que, dans le commerce, on appelle lettre de change; cette lettre de change se fabrique en deux minutes : il suffit d'y apposer la signature d'un jeune homme dont le père est riche, ou la signature supplémentaire d'une caution riche par elle-même, pour que, dans l'instant, le capitaliste obligeant se dessaisisse en votre faveur du tiers ou de la moitié (car il y a des capitalistes dont la générosité ne connaît point de bornes), de la somme énoncée dans votre chiffon de lettre de change. On conviendra qu'un jeune homme qui peut se procurer de l'argent aussi promptement et à si bon marché, serait une dupe de s'en priver. Les seuls inconvéniens qui résultent de ce petit négoce sont un mémoire de frais, une misérable prise de corps qui vous attendent à l'échéance pour garantie du paiement, et auxquels on échappe toujours au moyen d'un renouvellement dont les intérêts sont basés sur la conscience du prêteur. Cette base-là n'est jamais fixe.

Eugène avait obtenu la confiance d'Alphonse. Connaissant la fortune de son père, il ne s'était point fait scrupule de le conduire chez un de ses capitalistes accoutumés. Celui-ci, sur la physionomie d'Alphonse et la signature des deux amis, consentit à prêter à mon neveu une somme de 2000 francs : savoir, 700 francs en or, un coupon de drap bleu, un brillant monté en épingle, deux paniers de vin de Champagne, et une montre à répétition. Notre capitaliste n'avait point parlé d'intérêts ; il s'en rapportait à la délicatesse d'Eugène, auquel il remit l'adresse d'un de ses cousins, qui tenait un magasin d'occasion, et qui ne pouvait manquer de s'accommoder de la montre, du drap bleu et de la bague en brillans. Alphonse les lui céda pour une somme de 480 fr. Eugène appelait cela un bon marché.

J'appris tous ces détails de mon neveu lui-même, qui, un peu tard à la vérité, ne partageait plus l'opinion de ses amis. A force d'emprunts et de renouvellemens, d'intérêts et d'échanges, Alphonse se trouvait débiteur d'une somme de 17,000 fr. envers trois des prêteurs les plus obligeans de la capitale. Dès le commencement de son récit, je m'étais armé de sévérité, et j'avais résolu de ne recevoir ses confidences qu'avec la dignité qui convenait à mon âge ; mais le souvenir confus de quelques étourderies de ma jeunesse me disposèrent à l'indulgence. Je me rappelai, fort à propos pour Alphonse, qu'à dix-huit ans je m'étais comme lui laissé entraîner par l'exemple ; qu'à cette époque, j'avais contracté à l'insu de mon père quelques dettes qu'une vieille tante avait eu la bonté d'acquitter. Ce long souvenir de mes premières folies se présentait à mon imagination, suivi de soixante ans d'une conduite irréprochable. Je pensai qu'il en serait de même de mon neveu ; que sa faute serait suivie d'un repentir efficace ; que ses erreurs présentes n'auraient point d'influence sur sa conduite future ; et, pour l'engager à une confession entière, je lui laissai lire sur ma figure une partie de ce qui se passait dans mon âme.

Ce pauvre Alphonse ! On était allé au-devant de ses premiers désirs ! on s'était d'abord étonné de la modicité de ses emprunts, on s'était prêté de la meilleure grâce du monde à ses premiers renouvellemens, tant on se reposait sur son honneur du soin de reconnaître des services dont la cherté de l'argent doublait le prix ! Mais petit-à-petit on diminua les politesses, on supprima les offres, et l'on fit sentir à mon neveu le désagrément qu'on éprouvait de voir ses fonds en stagnation dans les mêmes mains. Les prêteurs aiment à changer de pratiques, les nouveaux venus sont les plus faciles dans leurs arrangemens ; d'ailleurs, l'argent des usuriers appartient à tout le monde ; il faut que chacun en profite.

Pour rembourser le premier, on fut obligé de recourir à un second, et quand celui-ci refusa, à son tour, de se prêter aux désirs de mon neveu, on alla en trouver un troisième, qui ne tarda pas à se montrer aussi intraitable que ses confrères. Menacé, poursuivi par tous les trois, Alphonse, ne sachant où donner de la tête, crut devoir implorer l'indulgence et les secours de son vieil oncle : je lui sus gré de sa démarche; elle était la preuve d'une confiance qui flatte toujours celui qui en est l'objet, et, de concert avec lui, je pris des mesures pour profiter sur-le-champ de la préférence qu'il m'avait accordée.

Alphonse, redoutant une prise de corps, avait abandonné depuis quelques jours son logement ; ses amis l'avaient recueilli avec beaucoup d'empressement ; mais leur amitié n'allait pas jusqu'à renoncer pour lui aux plaisirs de la société. Ils l'abandonnaient souvent à lui-même ; livré à ses réflexions, mon neveu goûtait par anticipation les charmes de la solitude, et se faisait d'avance une idée peu agréable de la captivité que ses créanciers se disposaient à lui faire subir. C'est pour s'y dérober qu'il avait pris le parti de me venir voir.

Nous allâmes ensemble chez l'huissier poursuivant. Il nous présenta le dossier de mon neveu, qui faisait à lui seul les honneurs d'un carton vert, étiqueté : *Affaire de M. Alphonse*.

Toutes les pièces étaient classées par ordre. L'huissier nous pria de rendre justice à sa délicatesse, qui ne lui avait pas permis de faire usage de la contrainte par corps, dont il nous montra l'original et la copie parfaitement en règle. Il se félicita de son heureuse prévoyance, et après nous avoir fait passer dans son cabinet, il nous engagea à terminer cette affaire le plus promptement possible. « Votre créancier, dit-il à mon neveu, est un homme peu traitable ; il n'entend rien aux délais, aux malheurs, aux embarras : c'est de l'argent qu'il lui faut. Je me doute bien qu'il vous a vendu un peu cher celui qu'il vous a prêté ; mais, en acceptant ses conditions, vous avez pris l'engagement de remplir les vôtres. — Si vous saviez, Monsieur, répondis-je à l'huissier, ce que c'est que votre client, et combien il a abusé de la position de mon neveu!...—A qui le dites-vous? reprit-il : croyez-vous que ce soit la première affaire dans laquelle il m'emploie!... Eh! mon Dieu, non. Depuis onze ans, j'ai l'avantage de poursuivre en son nom. M. Durand est un arabe ; jamais fortune ne fut plus mal acquise que la sienne : il a ruiné je ne sais combien de personnes qui ont traité de confiance avec lui; mais il est riche : il a beaucoup de débiteurs qui se font prier pour le payer; sa clientelle est nombreuse, solvable, et suffirait à elle seule pour alimenter mon étude. De pareils gens sont à ménager. Un huissier, forcé par état d'être toujours en guerre avec les pauvres, doit chercher à se concilier l'estime des riches, et c'est à quoi je travaille. Je sais que M. Alphonse a des parens qui ont de la fortune, aussi n'ai-je fait qu'à mon corps défendant les frais nécessaires pour ne pas désobliger M. Durand. J'ai gardé par devers moi la contrainte par corps, qu'il m'avait recommandé de remettre au garde du commerce, bien persuadé que cette attention-là vous prouverait que les frais ont été faits en conscience, et que je suis plus fâché que vous des assignations, citations, sommations que je vous ai adressées, des jugemens que j'ai fait lever, etc.; mais j'ai une famille à élever, à soutenir.... Les tems sont durs!... — Puisque vous en convenez vous-même, Monsieur, dis-je à l'huissier piteux, il me semble qu'alors vous devriez ménager les débiteurs. — Monsieur n'entend pas précisément les affaires, répliqua-t-il en souriant, et d'ailleurs, en usant de ménagement avec la plupart des débiteurs, c'est agir en quelque sorte contre leurs intérêts, en les habituant aux délais; c'est prolonger leur triste situation : au lieu qu'en les poursuivant avec activité, nous les provoquons à s'acquitter, et nous rétablissons entre eux et leurs créanciers ces relations amicales qui n'auraient jamais dû cesser un instant. »

A la suite de cette conversation, l'huissier communiqua à mon neveu une petite note des menus frais qu'avait occasionnés son affaire; il avait eu la précaution de comprendre dans l'addition le coût de la prise de corps, qui n'avait point été effectuée, mais qui aurait pu l'être, et qui, outre le prix porté en ligne de compte, aurait eu pour Alphonse des désagrémens que l'huissier se félicitait de lui avoir évités.... Du reste, il promit à mon neveu d'être son avocat auprès de M. Durand, dans le cas où ce dernier ne voudrait pas entendre raison, et offrit de lui donner, moyennant une petite lettre de change que j'endossai pour la forme, tout le tems qu'il désirait pour liquider les frais qui, nous dit-il en préparant le papier timbré, ne montaient pas à 500 f.

M. Durand, chez lequel nous nous présentâmes ensuite, nous reçut avec une bienveillance à laquelle j'étais loin de m'attendre; c'était un homme d'une trentaine d'années, grand, bien fait, d'une physionomie douce et de manières prévenantes; il était entouré de sa famille. Son fils, âgé de sept ans, sa fille, moins vieille encore, étaient grimpés sur ses genoux et l'accablaient de caresses. Il paraissait jouir de leur tendresse avec la plus touchante émotion, et regardait avec des yeux humides de larmes sa jeune épouse, spectatrice de ce petit tableau conjugal. A notre approche, il se débarrassa de ses enfans avec une vivacité qui me fit trembler pour eux. Ils s'en allèrent en riant, *et comme accoutumés à de pareils adieux*. Sa femme nous fit une révérence gracieuse, et, après avoir pris congé de son mari, elle nous laissa seuls avec lui.

J'augurai bien de cette scène de famille : j'en fis honneur à la sensibilité de M. Durand, qui, pour accroître la bonne opinion qu'il venait de me donner de lui, ne voulut point nous écouter que nous ne nous fussions assis sur son canapé. Il est difficile de se faire une idée de la richesse de l'ameublement de la pièce dans laquelle nous nous trouvions.

« Vous êtes sans doute, me dit M. Durand, qui affecta de se tenir debout pendant le tems que nous restâmes chez lui, un des parens de M. Alphonse. — Je suis son oncle. — Je m'estime heureux d'avoir fait la connaissance d'un galant homme. M. votre neveu, pressé d'un grand besoin d'argent, est venu me trouver. L'état dans lequel il était m'a vivement intéressé. Je n'avais point de fonds, j'ai été obligée d'avoir recours à des amis qui, sur ma signature, ont bien voulu se dessaisir de quelque argent... J'en ai attendu le remboursement avec patience, mais aujourd'hui on me presse.... Plusieurs de mes débiteurs me manquent de parole, et je me trouve forcé de poursuivre. — Vous n'ignorez pas qu'Alphonse est mineur ? — Sans doute, c'est un malheur pour moi ; mais ses parens. — Ses parens ne peuvent voir avec plaisir que vous ayez prêté une somme considérable à un jeune homme pour augmenter de frivoles dépenses. — J'ai pour habitude de ne jamais questionner un emprunteur sur l'emploi qu'il veut faire de son argent. — Mais vous avez exigé des intérêts. — Il n'en est pas question dans la lettre de change. — Alphonse m'a tout appris, et je suis indigné. — Si vous connaissiez les désagrémens d'un malheureux capitaliste qui est obligé de faire travailler ses fonds pour trouver le moyen de se tirer d'affaire, vous concevriez aisément que dans la crainte des retards, des non-valeurs, nous sommes, malgré nous, forcés de surfaire un peu le prix de l'argent... » Au surplus, je suis en règle ; j'attendrai... Quelques observations que je fisse à M. Durand, il me ferma la bouche par ces mots *je suis en règle*, et pour ne pas compromettre la liberté de mon neveu, je fus contraint d'en passer par tout ce qu'il voulut. M. Durand nous reconduisit jusques sur l'escalier en nous accablant de politesse, et en portant dans ses bras son petit garçon, qui était venu le rejoindre.

Des deux autres créanciers d'Alphonse, l'un était un gros réjoui qui, en riant, en racontant l'anecdote scandaleuse de la veille, n'en marchait pas moins directement à son but; personne ne connaissait mieux que lui l'art de gagner ses dupes. Tout en convenant que ses intérêts étaient énormes, sa conduite affreuse, et la position de mon neveu digne des plus grands égards, M. Roch ne voulut consentir à aucune diminution; il m'offrit en fredonnant un refrain de vaudeville un bout de papier sur lequel j'écrivis une promesse de payer à vue les folies de mon neveu.

Le dernier de ces messieurs était en discussion lorsque nous arrivâmes. Une jeune dame lui avait confié quelques bijoux, sur lesquels M. Pihaud avait avancé, à titre de prêt, une somme équivalente au dixième de leur valeur. On était convenu de part et d'autre que si le 15 les objets n'étaient pas retirés, ils appartiendraient *légitimement* au prêteur qui s'en trouvait nanti. Selon la dame, la journée du 15 était comprise dans le délai donné; selon M. Pihaud, elle en était exclue, et c'est par cette raison qu'il avait cru devoir disposer de ces bijoux, pour lesquels il était en marché avec un de ses collègues; l'affaire n'étant pas tout à fait terminée, il ajourna Mme C.... au lendemain; elle sortit, et notre capitaliste, tirant de son secrétaire un écrin, le remit à son domestique, avec ordre de le porter... Il acheva ses instructions à voix basse; nous ne pûmes les entendre.

M. Pihaud, instruit du motif de notre visite, se plaignit beaucoup de la gêne du commerce, de la peine qu'il prenait pour faire suer son argent; ces considérations majeures ne lui permirent pas de céder à nos désirs, et je me vis forcé de le prier de venir dès le jour même recevoir sa créance chez moi; il s'y présenta dans la soirée, assez tard pour ajouter aux intérêts échus celui du jour qui allait finir.

La semaine suivante, je rencontrai ces messieurs à dîner chez le comte de Saint-J... Il n'était question que de leur fortune ; on les recherchait avec affectation. M. Durand était cité pour ses vertus domestiques ; M. Roch pour la franchise de ses manières ; M. Pihaud pour la noblesse de son cœur et son exactitude dans les affaires. Ces louanges, dont leur modestie jouissait avec orgueil, n'étaient contestées par personne ; mais un de mes voisins, en se penchant à mon oreille, ajouta ces mots remarquables : « Il faut que ces messieurs aient eu bien du bonheur, pour avoir fait une fortune si rapide avec tant de vertus et de probité. »

N° XXII. — 5 *avril* 1818.

LE MONT-DE-PIÉTÉ.

—

Le tems use tout, dénature tout.
Ch.

La tâche que je me suis imposée d'offrir à mes lecteurs une esquisse des mœurs parisiennes, m'oblige à faire connaissance avec tous les édifices publics que renferme cette vaste capitale, la plus belle ville de l'Europe et la première du monde. Je ne saurais passer maintenant devant le plus petit monument sans savoir à quoi m'en tenir sur son origine, que chacun raconte à sa manière, et qu'il regarde comme la seule digne de foi. L'ignorance de la plupart des Parisiens, à cet égard, a quelque chose d'étonnant. Un provincial ne revient jamais dans son pays sans avoir vu ce que la capitale contient de curieux, de remarquable, sans avoir parcouru nos promenades, nos spectacles, sans avoir pris des notes sur nos petits grands hommes que son bon génie lui a fait rencontrer dans le monde : tandis que, livré à ses opérations mercantiles, à ses travaux routiniers, plus d'un riche bourgeois de Paris ne connaît de la capitale que le quartier où sont établis ses magasins, et le chemin qui conduit à la barrière la plus proche de son domicile.

J'ai rencontré l'hiver dernier, chez un ambassadeur étranger, un jeune homme des environs de Nantes, qui était venu passer quelques mois à Paris. Riche, aimable et plein de talens, il s'était créé une singulière occupation pendant son séjour dans la capitale ; grâce à son crayon habile, il avait fait une ample provision de souvenirs, et emportait dans son portefeuille non-seulement les monumens qui avaient excité son admiration, mais encore toutes les figures des hommes qu'une célébrité bien ou mal acquise distinguait de leurs concitoyens. Ce même soir, il avait croqué plusieurs personnages qui étaient loin de s'en douter, et avait augmenté sa collection d'originaux d'une demi-douzaine de têtes qui auraient fait honneur à Callot.

Plusieurs de mes lecteurs ne connaissent sans

doute que par ouï-dire l'existence du Mont-de-Piété ; ils savent seulement que cet établissement utile est encore un des bienfaits de Louis XVI. Que c'est sous son règne qu'on éleva dans la rue des Blancs-Manteaux, non loin du couvent qui lui a donné son nom, un bâtiment considérable destiné à recevoir le dépôt de tous les gages des emprunteurs ; moi-même j'ignorais tous les détails que je vais leur transmettre. Le hasard seul m'a donné cette science ; le besoin la donne à tant d'autres.

Je passais dans la rue des Blancs-Manteaux ; arrivé devant le Mont-de-Piété, je m'étais arrêté à contempler cet immense édifice, la ressource d'une foule de malheureux, lorsqu'en me retournant je heurtai quelqu'un. C'était Dorneval. Il parut surpris de me rencontrer. Son embarras redoubla, lorsqu'en jetant les yeux sur une boîte qu'il portait sous son bras, je lui demandai machinalement de quel côté il dirigeait ses pas. « Avec tout autre, me dit-il en rougissant un peu, j'éluderais la question ; il y a des secrets qu'on est bien aise de garder ; mais avec vous, mon cher Bonhomme, j'userai de franchise. J'ai besoin d'argent, et je vais en faire. — J'entends. — Un procès à suivre, des retards dans le paiement de mes fermiers, une banqueroute dans laquelle je viens de me trouver, me causent une gêne momentanée.... — Que ne recouriez-vous à vos amis ? — Je ne veux pas m'en priver. Je me suis convaincu par l'exemple qu'on a toutes les peines du monde à garder ses amis ; il ne faut souvent pour les perdre qu'une confidence faite à contre-tems. L'argent est si rare, que les amis qui vous en offrent le plus volontiers n'en ont presque jamais le malheureux jour où vous les prenez au mot. Je n'ai pas voulu exposer les miens à la tentation d'un refus J'ai toujours en réserve chez moi quelques pièces d'argenterie, quelques vieux diamans qui faisaient partie de l'héritage de ma mère; c'est à eux que j'ai recours dans les circonstances critiques; ils me sauvent le désagrément des confidences. Je porte sous mon bras ma boîte de salut, je la dépose incognito au Mont-de-Piété ; personne ne le sait, personne n'a acquis la connaissance de mes affaires et le droit de m'adresser des reproches impertinens, ou des conseils déplacés. Mes amis, ignorant l'état de mes affaires, me reçoivent avec plaisir et comme quelqu'un qui n'a pas besoin d'eux. Rien ne porte atteinte au sentiment qu'ils m'ont voué; et grâce à cette sage précaution, j'ai le double avantage de trouver à l'instant même l'argent dont j'ai besoin et l'espoir de garder toujours mes amis.

Je louai Dorneval de sa prudence; et devenu son confident par hasard, je le priai de me permettre de l'accompagner, afin de m'initier tout-à-fait dans les détails d'un établissement dont jusqu'ici je n'avais connu que le nom.

Nous nous arrêtâmes chez le concierge; il donnait audience à quelques personnes qui le priaient de leur épargner la peine de se présenter au bureau de dégagement; il recevait leur reconnaissance et les remettait au lendemain pour reprendre leurs effets. Sa femme était occupée à rendre les paquets dégagés; la petite contribution volontaire à laquelle se soumettent ceux qui ont recours au ministère du concierge ajoute singulièrement aux émolumens de sa place, et l'accessoire l'emporte de beaucoup sur le principal.

Pendant qu'il portait la boîte de Dorneval à la 1re division, chargée de recevoir les bijoux et les diamans, mon ami me proposa un voyage dans l'intérieur. Après avoir traversé de longs corridors, nous arrivâmes à une grande salle où deux cents personnes environ attendaient leur tour. La plupart étaient des femmes d'artisans, d'ouvriers, qui, prévenues d'avance, ou peut-être déjà au fait des usages de la maison, avaient apporté avec elles leur ouvrage; l'une cousait, l'autre tricottait; toutes parlaient en attendant l'appel de leur numéro. Une marchande de petits pains, de gâteaux et de fruits, tolérée par l'administration, se promenait dans toutes les salles, offrant les objets de son commerce, et cherchant à ranimer la patience en satisfaisant l'appétit. Une jeune mère qui allaitait son enfant attira notre attention; son costume n'annonçait pas la misère, mais sa figure portait l'empreinte de la douleur. Un petit paquet de linge blanc était à ses côtés. Dorneval, ému par sa jeunesse, s'approcha d'elle, et de ce ton qui décèle l'intérêt, il s'informa du malheur qui la forçait à recourir au Mont-de-Piété. Son mari avait été renversé quelques jours auparavant par une voiture bourgeoise qui lui avait fracassé la jambe. Il était depuis quinze jours au lit sans que les personnes causes de cet accident eussent rien fait pour adoucir son sort. Sa jeune femme n'avait pas pu se décider à le laisser aller à l'hôpital, et petit-à-petit elle se défaisait de sa garde-robe pour le soigner. Dorneval me regarda presqu'en suppliant, et, comme pour me donner l'exemple, il tira de sa poche une pièce de 5 francs qu'il remit à la jeune femme. Je l'imitai. Elle ne put trouver que des larmes pour nous remercier.

« Oh! jarni, dit en élevant la voix une grosse femme en bonnet rond, je reconnaissons là le bon cœur de ce brave M. Dorneval! toujours le même!... » Cette voix est celle de Mme Jamin, la femme de ménage de Dorneval, qui est un vieux garçon. Mon ami est tout étonné de la trouver là!.. « Que ça ne vous surprenne pas, lui dit-elle en baissant le ton...., je tiens pour sûr le tirage de Lyon; 14, 17, 40, 51 et 84. Je n'aurais pas de pain à la maison que je ne laisserais pas aller ces numéros-là!... Mais si vous rencontrez notre homme, ne lui dites pas que vous m'avez vu, parce qu'il ne sait pas que j'ai pris sa veste de coutil pour la mettre en gage. Nous sortons de cette salle, et la première personne qui s'offre à nos regards dans une autre, est M. Jamin ; Dorneval l'appelle, et le mari de la femme de ménage nous apprend, sous le secret, que c'est après-demain sainte Hélène, patronne de Mme Jamin ; que jamais il n'a manqué de célébrer ce jour-là par un repas extraordinaire. C'est pour faire les frais du festin qu'il a pris en cachette dans l'armoire de sa femme une robe de percale et deux jupons de bazin, qu'il apporte lui-même au Mont-de-Piété.

Quelque impatience se manifeste parmi ceux qui attendent. Ils se plaignent de perdre un tems précieux, et de payer ainsi à un haut intérêt l'argent qu'ils empruntent ; j'ouvre une porte et j'entrevois assis dans une pièce à côté, autour d'une table ronde, des messieurs que Dorneval prétend être des commissaires-priseurs. Ils se délassent des fatigues de leur place en faisant à un nouveau collègue les honneurs d'un déjeûner spendide. Le bordeaux, le champagne, humectent leurs gosiers altérés. Le parquet est jonché d'écailles d'huitres, la table couverte de débris de volaille, de gibier.... Le tems passe si rapidement à table que ces messieurs ont sans doute oublié que cinq cents personnes, dont quelques-unes n'ont pas encore déjeûné, les attendent dans les salles environnantes!... Bon! voilà qu'ils se lèvent.... c'est pour prendre le café!... Patience.

Si je ne me trompe, au milieu de ce groupe qui remplit la salle des dégagemens, j'aperçois mon horloger.... Que vient-il faire ici? — Retirer peut-être la montre que vous lui avez donnée à raccommoder. — Vraiment! — C'est ainsi que certains ouvriers en agissent dans les cas pressans : ils disposent des objets qui leur sont confiés. Voyez ce garçon tailleur couvrant d'une toile ces deux coupons de drap bleu qu'il vient de retirer, ou pour mieux dire d'échanger contre deux coupons de drap gris, dont sa dernière pratique n'a pas besoin pour l'instant. Voyez cette jeune couturière, roulant en cachette cette robe brodée dont elle s'efforce d'effacer les plis, le Mont-de-Piété aurait continué d'en être dépositaire encore pendant quelques jours, si la personne à laquelle elle appartient n'était venue la réclamer impérieusement. C'est le samedi, jour où chacun de ces personnages solde ses ouvriers, que le besoin d'argent se fait sentir; on s'en procure de cette façon. Il y a des gens qui, non contens de trafiquer sur les objets, trouvent le moyen de commercer encore sur les reconnaissances du Mont-de-Piété. Lorsqu'à l'époque du renouvellement le malheureux ne peut se présenter pour payer les intérêts échus, il s'adresse à de soi-disant faiseurs d'affaires qui, moyennant une très-légère somme ajoutée à ce que l'administration a prêté, deviennent propriétaires de l'objet engagé. »

Cet établissement, dont le produit est affecté aux hospices, fut dans sa fondation destiné à venir au secours de la misère ; il remplit sans doute encore une partie de sa fondation, mais plus souvent il sert à entretenir la dissipation, les folles manies, les tristes passions ; c'est pour paraître avec élégance au bal où elle vient d'être invitée, que cette jolie personne vient mettre en gage le plus discret de ses vêtemens ; c'est pour courir une martingale dont le succès n'est presque plus douteux, que ce jeune homme vient déposer la pendule de famille, le dernier meuble de son appartement ; c'est pour recevoir avec plus de magnificence le protecteur qui ne lui a encore donné que des espérances, que ce petit commis relègue au Mont-de-Piété sa montre et la majeure partie de sa garde-robe ; c'est.... Le concierge, qui depuis un quart d'heure cherchait Dorneval, l'ayant aperçu, courut à nous et remit à mon ami quelques billets de banque, que ce dernier, plein de confiance, reçut et serra sans les compter. Nous sortîmes ; et, tout le long du chemin, Dorneval consacra son éloquence à me faire l'éloge d'un établissement qui offrait en affaires ces trois avantages, *sûreté*, *discrétion*, *célérité*, et qui vous empêchait de vous brouiller avec vos amis.

N° XXIII. — 21 *avril* 1818.

LA VISITE DU PRINCE.

La vanité est l'aliment des sots.
LA BRUYÈRE.

Nous attachons peu de prix à nos jouissances, et nous jetons souvent un regard d'envie sur celles d'autrui. Un riche financier paierait en beaux deniers comptant le succès d'un poète, qui, à son tour, échangerait volontiers la guirlande d'immortelles dont il vient de ceindre sa tête pour la couronne de lauriers qui ombrage le front de ses héros. Il est rare qu'on satisfasse l'amour-propre d'un homme en ne lui supposant que les vertus de sa profession, comme en ne le louant que des qualités qu'il possède. Cette justice qu'on lui rend n'a d'autre mérite à ses yeux que celui d'une dette qu'on acquitte; il la reçoit comme un hommage forcé. Mais c'est avec un sentiment de reconnaissance qu'il accueille les éloges qui lui supposent des talens que n'exige point son état, des vertus dont il aurait pu se passer; c'est avec raison qu'un flatteur adroit vante l'esprit d'un commerçant et la fortune d'un homme de lettres.

Je me trouvais l'autre jour au milieu d'un cercle nombreux composé de personnages qui prétendaient avoir échappé à ce ridicule : satisfaites du rôle que le destin leur avait distribué, ils s'appliquaient, disaient-ils, à le jouer le mieux possible, et n'avaient pas le vain désir d'en changer. Le maître de la maison sur-tout faisait sonner bien haut les avantages de sa position, qui lui assurait la seule indépendance véritable, celle que donne une grande fortune. Il regardait en pitié ces courtisans de la faveur, ces sentinelles d'antichambre, qui se morfondent des mois entiers dans l'espoir d'arracher un sourire, un mot à la bonté du prince, et qui poursuivent tous les pouvoirs naissans de leur insatiable dévouement.

M. R..., qui s'exprimait avec tant de dédain sur le compte des ambitieux, était un financier dans l'acception la plus étendue de ce terme. Personne ne connaissait mieux que lui le prix et l'attrait de l'argent. Persuadé que la richesse tenait lieu de tout, il ne manquait jamais l'occasion de parler de la sienne, et trouvait presque toujours le secret de placer dans la conversation le bordereau de ses revenus. La nature, qui ne s'est point entendue avec la fortune pour en faire aussi son enfant gâté, l'a doué d'un esprit exigu et d'une vanité sans bornes. Très-discret dans ses projets d'opérations commerciales, il se fait un devoir d'en publier les résultats : tous ses amis connaissent le prix de ses maisons, de ses terres, de ses équipages, etc. On dirait qu'il n'acquitte les mémoires de ses fournisseurs que pour avoir le plaisir de les montrer.

A l'affût des célébrités qui pointillaient sur l'horizon littéraire, M. R.... se faisait un devoir de rassembler chez lui des gens que le moindre succès avait fait sortir de l'obscurité; les savans et les artistes subissaient tour-à-tour son invitation. Il affectait pour leurs talens beaucoup de considération; ces messieurs étaient l'objet de ses attentions particulières : elles auraient pu être plus délicates, mais il était difficiles qu'elles fussent plus empressées. Il y a des égards qui humilient ; les gens opulens ont souvent la maladresse d'insulter à la médiocrité de ceux qu'ils invitent par l'étalage déplacé d'un faste inutile. M. R.... n'était point à l'abri de cette manie.

C'est à la suite d'un ces dîners splendides, qui avait mérité à l'Amphytrion des éloges presqu'unanimes ; c'est en savourant un moka délicieux versé par la plus jeune de ses filles, que les convives, animés par la joie qu'ils éprouvaient de leur situation présente, avaient déclaré la guerre à l'ambition, et soutenaient avec une égale opiniâtreté qu'ils étaient à l'abri des séductions de la puissance et des honneurs.

Un seul des convives, moins modeste ou plus franc que les autres, avouait qu'il n'osait répondre de lui, et convenait de bonne foi de sa faiblesse : « Je ne suis pas encore aguerri contre les tentations de toute espèce, disait-il en riant, et plus d'une trouverait facilement le chemin de mon cœur. » Une pareille façon de s'exprimer lui attira une foule d'épigrammes, auxquelles il répondit en homme qui craignait d'abuser de ses avantages. Après quelques escarmouches un peu vives, il prit congé de la société en la félicitant ironiquement de sa haute philosophie.

Le jeu avait rempli une partie de la soirée ; on s'apprêtait à se séparer, lorsqu'un domestique revêtu de la livrée d'un grand personnage se présenta à l'hôtel. Il descendait d'une voiture de la cour, et vint remettre à M. R.... un billet dont celui rompit en tremblant le cachet.

La figure de M. R.... s'épanouit dès les premières lignes. Un rayon de plaisir brilla dans ses yeux, qui parcouraient avec avidité ce fortuné billet. « *Oh! mes amis!* » s'écria-t-il d'une voix étouffée après avoir fini; il ne put achever et fut obligé de s'asseoir; il suffoquait de joie. La société le contemplait avec étonnement. Tout-à-coup il se leva, congédia poliment le domestique, le reconduisit même jusqu'à la porte en lui remettant sa bourse, que celui-ci hésitait à prendre, et qu'il n'accepta qu'après une seconde invitation.

Le valet était à peine sorti que M. R.... nous réunit tous pour entendre la lecture de ce

singulier message. « Le prince..... qui devait le
» lendemain chasser aux environs de Fontaine-
» bleau, faisait prévenir notre financier qu'il
» s'arrêterait à son château des Bordes......»
Le billet était fort court, et M. R.... nous le lut
une seconde fois. On ne saurait se faire une
idée de la révolution subite qui s'opéra autour
de moi : tandis que le maître de la maison donnait à haute voix des ordres pour le lendemain,
qu'il prodiguait à ses gens l'or, les prières, les
menaces, pour les faire partir sur-le-champ ;
tandis que Mme R.... et ses deux demoiselles,
retirées dans un des coins de l'appartement,
relisaient une troisième fois le bienheureux écrit,
les convives, divisés en groupes dans le salon
et le billard, s'entretenaient à voix basse sur
cet événement, qui prenait à leurs yeux l'apparence d'une faveur signalée.

Sans doute aucun des invités ne pouvait être
jaloux de la distinction flatteuse dont le prince
honorait leur ami. Cependant quelques-uns parurent s'en étonner; d'autres assurèrent que
leur château, mieux situé, meublé avec plus
d'élégance, convenait davantage à son altesse.
Les femmes boudaient Mme R...., qui, depuis

un moment, était devenue de la plus assommante politesse.

Après avoir blâmé la bonté du prince, critiqué l'air d'importance de l'ami R...., envié son bonheur, on laissa un peu reposer la médisance, et alors commença un chorus de félicitations sincères, à la suite desquelles chacun sollicita la permission d'assister à la visite de son altesse. Le banquier ne put se refuser à profiter un moment de la supériorité de sa position; et tout en accordant avec plaisir cette faveur, dont il exagéra selon moi la jouissance, il prévint ses amis qu'ils ne pourraient être placés qu'après les autorités, qu'il se ferait un devoir d'inviter à cette cérémonie. Cet avertissement fut reçu avec beaucoup de résignation.....
Mme R.... se hâta de prévenir les dames qu'il ne les concernait pas, attendu que son intention était qu'elles tinsent le premier rang dans cette fête impromptu.

Tandis que chacun des amis du banquier se retirait chez lui en rêvant au moyen qu'il emploierait pour faire tourner la visite du prince à son profit, dix voitures chargées de meubles, d'ornemens, de provisions, d'ouvriers, roulaient vers le château : toute la nuit on travaille; on répare, on embellit le séjour momentané de son altesse; les bosquets sont dégarnis; les branches de chêne, d'ormeau, de peuplier, s'arrondissent en arcs de triomphe devant la grande porte d'entrée; les chemins qui aboutissent au château sont jonchés de fleurs et de feuillage. L'air retentit des accords d'une troupe de musiciens qui cherchent l'harmonie; une garde d'honneur, habillée à la hâte, fait le service du dehors et sert à contenir les curieux qui, la pelle ou la pioche à la main, s'arrêtent devant la porte, et dont la présence interrompt les travaux commencés.

L'adjoint du maire, le percepteur des contributions, le notaire du lieu, le médecin de l'endroit, ont été des premiers à rendre leurs devoirs au maître du château. L'honneur qu'il reçoit rejaillit sur toute la commune; aussi ces messieurs ne dédaignent-ils pas de mettre la main à l'ouvrage : le percepteur s'amuse à ébaucher une épître, le notaire arrange les draperies, l'adjoint place les bancs, le médecin fait des bouquets. M. R.... surveille tout avec un zèle qui depuis quatorze heures ne s'est pas démenti, il reçoit avec dignité les éloges de tous les invités, et de tems à autre il s'éclipse pour aller répéter, sous un berceau couvert, le compliment qu'il se propose d'adresser à son altesse.

Les amis de Paris sont arrivés; les femmes ont fait assaut de toilette : l'or et les diamans donnent un nouveau lustre à leurs attraits. Les maris, persuadés qu'une pareille occasion ne se présenterait plus, ont passé la nuit à dresser des mémoires, à rédiger des pétitions, des demandes qu'ils se flattent de remettre eux-mêmes à son altesse, et dont ils présagent d'avance le succès. L'heure s'écoule; tout le monde attend le prince désiré... La garde impromptu est depuis trois heures sous les armes : les dames, parées, sont depuis trois heures en butte à l'admiration grossière des villageois campés vis-à-vis le château. Cent fois les domestiques, grimpés au donjon, ont dirigé leurs regards sur la grande route, et n'ont rien aperçu.... On s'inquiète, on se désole, les visages s'allongent : les plus hardis chuchottent entre eux... Les jeunes filles se dépitent, et Mme R.... sent une larme couler de sa paupière. Déguisant sous un air calme l'embarras qu'il éprouve, notre banquier sourit à tout le monde : il persuade à l'un que sa montre avance, à l'autre que le prince part très-tard pour la chasse; il veut faire passer dans l'ame de ses amis l'espoir qui commence à abandonner la sienne.

Enfin, un nuage s'élève....; la poussière vole et couvre la route : la vigie du château signale une calèche!... Chacun a repris son poste, et la joie a ranimé toutes les figures.... Les dames sont rangées en cercle : chacune d'elles voudrait bien s'avancer aux dépens de sa voisine, qui elle-même tremble de dépit en faisant la revue de la parure de sa bonne amie; les hommes, placés derrière, ont tous la main à la poche.... : ils s'épient et se devinent. M. R...., entouré de sa famille, est à quelques pas de la société, toujours prêt à parler. Son cœur bat, et ses lèvres balbutient malgré lui le compliment de réception.

Le bruit redouble; la calèche s'approche. Un domestique, que sans son costume différent on prendrait pour celui de la veille, passe à cheval; il précède de bien peu la voiture, qui s'arrête. A l'instant un cri de joie se fait entendre : les musiciens entonnent leur concert ; les hommes agitent leurs petits papiers pliés avec soin. Les femmes s'avancent en souriant. M. R.... tousse....; il va parler.... Le voyageur met pied à terre..... Il s'élance dans les bras du banquier. Troublé, saisi, celui-ci reconnaît soudain l'ami qui, la veille, n'avait point partagé la philosophie dédaigneuse de la société.

Dupe de sa vanité, M. R.... sent à l'instant même tout le ridicule de sa position; et, par un trait d'esprit, il la fait tourner à son avantage : « Ah! ah! messieurs et mesdames, dit-il à tous ceux qui l'entouraient, et qui depuis un moment étaient déroutés par la familiarité de son altesse, vous vous êtes moqués hier de notre ami ; il vous le rend bien aujourd'hui : cette petite ruse était concertée entre lui et moi; j'étais charmé de trouver cette occasion de vous réunir dans mon château... Convenez que le tour est charmant!... — Charmant! répètent en pleurant de dépit les femmes, qui s'éloignent. — Délicieux! ajoutent les hommes, qui déchirent avec rage leurs pétitions, dont je regrette beaucoup de n'avoir pu réunir les morceaux.

La société était trop aimable pour bouder long-tems; on fit de part et d'autre quelques frais pour opérer un raccommodement; et le soir on ne pensait plus à la mistification du matin.

N° XXIV. — 29 *avril* 1818.

L'HOTEL BAZANCOURT,

ou

LA PRISON BOURGEOISE.

> Eh! pourquoi sont-ils là?
> De R.

J'avais inscrit sur mes tablettes le nom de cet hôtel avec lequel une assez grande quantité de bons bourgeois de Paris ont déjà fait connaissance malgré eux, et j'avais ajourné aux premiers jours de l'été la visite que je me proposais de faire à cette *maison d'arrêt* d'une nouvelle espèce. Une circonstance imprévue a dérangé mes projets, et m'a forcé d'avancer de trois mois mon voyage au quai Saint-Bernard.

J'étais invité à déjeûner chez M. Guymard, riche propriétaire, qui, très-souvent oublié dans les recensemens de la garde nationale, ne l'a point été dans la distribution des décorations accordées à cette milice bourgeoise. Guymard a quarante ans; il est garçon; ses propriétés, situées dans divers départemens, lui donnent un revenu de 5o à 6o,ooo fr., dont il a la modestie de se contenter. Il en jouit en homme qui n'a pas l'espérance de vieillir. Pour échapper aux piéges que pourrait lui tendre le sergent-major de la compagnie dans l'arrondissement de laquelle se trouve son hôtel de Paris, il a pris son domicile à quarante-huit lieues de la capitale, dans une de ses terres, où il va chasser tous les ans pendant la première quinzaine de septembre. Grâce à cette adroite précaution, dont il a fourni la preuve légale, Guymard dort dans son lit l'année entière, ce qui ne l'empêche pas de faire continuellement l'éloge de la tenue et du zèle de ses concitoyens, et de les encourager dans l'occasion à redoubler d'ardeur pour un service dont il se fait un plaisir de vanter l'utilité.

Guymard a chez lui un neveu employé dans

un ministère, qui ne partage en rien l'opinion de son oncle ; il met ses jours de garde au nombre de ses jours de fête, et il les compte double, parce qu'alors il s'éloigne de son bureau pendant quarante-huit heures. Personne n'est plus exact à faire son service que Ferdinand ; son oncle lui-même ne souffre pas qu'il s'en exempte, attendu, dit-il, qu'il est de toute nécessité que quelqu'un se distingue dans la famille. Cependant Ferdinand a oublié de se distinguer le mois dernier ; il avait prié le sergent-major de ne pas le commander de garde en même tems que M. D****, pour des raisons qu'il n'a pu ou qu'il n'a pas voulu lui confier ; et celui-ci, qui a cru apercevoir dans les motifs secrets de Ferdinand quelque chose de désagréable pour M. D****, qui lui est allié par sa femme, a rejeté sa demande ; il s'est fait un malin plaisir de commander les deux chasseurs ensemble, et de les désigner pour le même poste. Cette dernière circonstance a singulièrement désobligé Ferdinand, qui s'est dispensé de paraître au corps-de-garde, ce que son oncle ignorait ; car, sur la foi du portier, il crut que son neveu passait la nuit au poste de Bonne-

Nouvelle ; mais une citation au conseil de discipline, une condamnation en règle, une première citation de l'état-major, le détrompèrent bientôt, et il se plaignit amèrement d'un manque d'exactitude que son neveu ne pouvait justifier, et sur la cause duquel il gardait un silence opiniâtre.

Ferdinand avait laissé sans réponse l'invitation qui lui avait été faite de se rendre à l'hôtel Bazancourt ; peut-être même n'y songeait-il plus, lorsqu'au milieu du déjeûner il reçut la visite d'un gendarme chargé du soin de l'y conduire. L'ordre était positif ; son guide était pressant ; mais notre jeune garde national, qui ne se croyait pas digne d'une escorte aussi imposante, prétexta des affaires importantes, et alléguant sur-tout l'impolitesse d'abandonner ses convives avant la fin du repas, il pria le gendarme de repasser à la nuit tombante. « Je le voudrais de tout mon cœur, répondit-il ; mais je ne le puis. — Accordez-moi au moins le tems de finir mon déjeûner. — Ah ! Monsieur, avec plaisir ; notre devoir est d'être sévère, mais une heure ou deux s'accordent volontiers. — Puisque vous êtes d'une si bonne composition, il ne vous en coûterait pas davantage de recevoir ma parole d'honneur qu'après avoir pris mon café je me rendrai là-bas ; c'est une course que je serai bien aise de vous éviter, et un service que je ne serai pas fâché de vous devoir. — Une parole d'honneur est une belle chose, dit en secouant la tête le gendarme ; mais j'en ai tant reçues de cette espèce-là dont on ne se rappelait plus l'instant d'après, que je ne sais si je dois me fier à la vôtre.... L'autre semaine encore, votre voisin le professeur m'avait donné la sienne ; il y a manqué, *comme de juste*, et je me suis vu forcé de l'arrêter séance tenante, au milieu de sa classe et de ses élèves : cela a fait un bruit, un scandale ! Le docteur n'a pas voulu quitter son costume !..... Mais, entre nous, ce n'était guère la peine de l'arrêter ; il est sorti presqu'en même tems que moi, et j'ai été tout étonné, en retournant à la caserne, de le trouver sur mon passage : il faut qu'il m'ait reconnu ; car il ne m'a pas salué... — Je vous réponds de mon neveu, dit aussitôt M. Guymard, en élevant un peu la voix ; je vais donner à l'instant des ordres pour qu'on mette les chevaux à ma voiture : dans deux heures il partira. — Et, pour plus de sûreté, je l'accompagnerai, ajoutai-je en riant. — Vous, *Bonhomme!* — Pourquoi pas! Je serai charmé de faire connaissance avec une prison de bonne compagnie. Cette double assurance leva les scrupules du gendarme, qui partit en nous engageant à ne pas tarder de le suivre.

Le déjeûner fini, Ferdinand passa dans son cabinet, où il écrivit plusieurs lettres qu'il chargea le domestique de son oncle de porter sur-le-champ à leurs adresses. Il fit placer dans la voiture quelques effets de nuit, un ou deux romans nouveaux : *Les Folies du siècle*, de Lourdoueix; *le Garçon sans souci* de l'inépuisable Pigault. Il embrassa son oncle, qui présidait aux préparatifs du voyage avec le sérieux le plus gai qu'il soit possible d'imaginer, m'aida à monter dans la voiture, y sauta *lestement* après moi, et recommanda gaîment au cocher de le conduire en prison aussi *lestement* qu'il l'avait conduit la veille au bal de Mme Cl****.

La voiture s'arrêta sur le quai Saint-Bernard, auprès de la nouvelle halle aux vins. Un tableau, sur lequel on lit en lettres de vingt-huit pouces ces mots : *Maison d'arrêt de la garde na-*

tionale, nous indiqua l'hôtel où devait séjourner mon compagnon de voyage. La sentinelle sourit en voyant le sac de nuit qu'un des domestiques venait de charger sur son épaule ; et, sans attendre que nous lui eussions adressé la parole, elle s'empressa de nous montrer le petit escalier qui conduit aux appartemens du concierge. J'y accompagnai Ferdinand, qui commençait à perdre un peu de sa gaîté. Le concierge nous reçut avec politesse, *et comme accoutumé à de pareilles visites.* Il demanda à mon jeune ami son nom? son âge? sa demeure? et voyant que ses questions multipliées occasionnaient au nouveau locataire quelques mouvemens d'impatience qu'il avait de la peine à dissimuler : « Excusez, lui dit-il, une formalité dont je ne puis me dispenser ; je suis forcé de m'assurer que vous êtes réellement *vous*. Quelques gardes nationaux qui n'avaient pu parvenir à faire admettre leurs remplaçans au corps-de-garde, me les ont envoyés ici, où je les ai reçus sur parole ; de riches négocians se sont fait remplacer en prison par des domestiques complaisans, et se sont adroitement soustraits à la punition qu'ils avaient encourue. La supercherie s'est découverte par hasard. Un marchand de la rue du B..... avait chargé son neveu de ses vingt-quatre heures d'arrêt. Celui-ci passa procuration au fils de son portier, jeune soldat de vingt-six ans, qui avait perdu un bras à la bataille de Leipsick. Son arrivée ici me surprit. Je le questionnai ; il m'avoua qu'il n'était mon prisonnier que par ricochet. J'en instruisis l'état-major, qui décida qu'à l'avenir les condamnés viendraient en personne subir leur jugement.

Pendant que le concierge constatait l'identité, je m'amusai à faire l'inspection de la chambre où il nous avait reçus. Mes yeux s'arrêtèrent sur un petit tableau à la main, en tête duquel on lisait : *Gardes nationaux qui ont subi leurs arrêts.* Venait ensuite la désignation par année, savoir : 1814, 189; 1815, 1370; 1816, 1316; 1817, 1123; ce qui donnait un total de 3998.

Lorsque Ferdinand fut écroué, il demanda à voir sa prison. Le concierge ne fit aucune difficulté de satisfaire ce désir. Nous traversâmes, pour nous y rendre, plusieurs pièces qui conservent encore quelques restes de leur ancienne splendeur. Les peintures des plafonds, de vieux dessus de porte, des chiffres dorés, des baguettes vermoulues, retenant çà et là de faibles lambeaux d'antiques tapisseries, attestent l'opulence du fermier-général qui donna son nom à cet hôtel, et qui a payé de sa vie le malheur d'avoir été plus riche que ses bourreaux.

Les cinq ou six chambres qui composent la prison sont vastes, élevées, glaciales; un froid mortel vous saisit en y entrant. Les murs sont tapissés de dessins et de complimens au charbon. Beaucoup de prisonniers y ont laissé des traces de leur séjour; ceux-ci ont exhalé leur bile contre les conseils de discipline en vers de *quinze pieds*, l'un portant l'autre; ceux-là se sont moqués de leurs juges dans des *quatrains* de *trois*, *quatre* et *cinq* vers; c'est avec une originalité peu courtoise que ce grenadier a tracé le portrait de son capitaine; c'est avec une indignation burlesque que ce *biset* a dressé l'acte d'accusation du rapporteur de son bataillon. Je ne conseillerais pas à certains officiers de ma connaissance de visiter la prison; ils seraient punis de leur curiosité par la lecture de quelques épigrammes piquantes, par l'aspect de quelques caricatures plaisantes qui ont le double mérite de la malice et de la ressemblance.

Nous aperçûmes, dans la chambre du fond, un vannier occupé à tresser des paniers. « C'est, nous dit le concierge, un propriétaire du faubourg du T...., qui n'a jamais voulu se résigner à monter la garde ; cet homme possède une maison assez considérable dans laquelle il ne s'est réservé d'autre logement qu'une cave dont il fait à-la-fois son atelier, sa cuisine et sa chambre à coucher ; condamné par le conseil de sa légion à des détentions plus ou moins longues, il laisse accumuler sur lui les jugemens, et lorsqu'il a pour une quinzaine de jours de prison, il s'arrange avec de pauvres diables auxquels il loue sa cave pour le tems de sa captivité, il arrive ici chargé de bottes d'osier que pendant son séjour il transforme en corbeilles, en paniers, etc., et ne me quitte jamais sans me dire tout bas : *Au revoir.* »

Je témoignai mon étonnement au concierge de ce qu'une partie des fenêtres était murée, ce qui rendait les chambres sombres : c'est une mesure de prudence à laquelle nous avons été forcés, me répondit-il : de jeunes gardes nationaux avaient trouvé plaisant de descendre par ces fenêtres dans le jardin ; ils escaladaient ensuite le petit mur qui le ferme, et allaient à tour de rôle faire une promenade ou une partie de billard; quelquefois ils revenaient à la nuit, le plus souvent ils allaient coucher chez eux et ne rentraient qu'au moment de sortir. Nous avons paré à cet inconvénient, et depuis ce moment il nous vient bien moins de jeunes gens.

Ferdinand, qui grelottait en examinant la grandeur du local, témoignait par geste le dépit qu'il éprouvait de s'être laissé condamner. Le concierge, à qui ce mouvement n'avait pas échappé, se hâta de le prévenir qu'il lui rendrait sa prison agréable, et lui annonça, en fermant la porte sur le prisonnier que nous venions de voir, qu'il avait des chambres où, à la liberté près, on pouvait se croire chez soi. Ferdinand s'empressa d'en choisir une à son goût, et s'y installa. Je pris congé de lui, en me promettant de lui rendre ma visite le lendemain.

Il était près de midi quand je revis mon pauvre prisonnier ; je le trouvai au milieu d'une douzaine d'amis, qu'une circulaire de la veille avait instruits de son malheur, et qui venaient adoucir, par leur présence, les dernières heures de sa captivité. La table était dressée, j'y pris place. Le déjeûner fut fort gai. Le concierge fut forcé de nous installer dans sa chambre, ce qui nous procura le plaisir d'être de moitié dans les deux visites qu'il reçut en notre présence. La première fut celle d'un chasseur, qui, ayant été condamné à quinze jours de prison en 1815, avait obtenu la permission de les faire en détail; il venait *arrêter son compte*. En *additionnant* les heures qu'il avait consacrées de mois en mois à s'acquitter pendant les trois ans qui s'étaient écoulés depuis sa condamnation, il se trouva un excédant de six heures : ce brave homme était au désespoir de n'avoir pas *réglé* quelques mois plus tôt.

A celui-ci succéda une espèce d'ouvrier qui s'adressa directement au concierge. Il s'établit entre eux le dialogue suivant : « Que demandez-vous, Monsieur ? — La prison des honnêtes gens. — C'est ici. — Je voudrais parler à celui qui les garde. — Au concierge ? — Oui, au concierge. — C'est moi. — En ce cas, voilà mon papier ; faites-moi l'amitié de m'incarcérer : j'y suis pour la *somme* de vingt-quatre heures. — Je ne puis vous recevoir. — Je vous dis qu'ils m'ont condamné ; voilà mon jugement, sur lequel vous me donnerez une quittance demain soir en sortant. — La prison est fermée pour deux jours, j'ai ordre de n'y admettre personne ; si vous voulez vous donner la peine de revenir après-demain..... — Plaisantez-vous ? — Je vous ouvrirai avec plaisir. — Il est bon là, le geolier. Ah! çà, croyez-vous que j'ai comme ça du tems à perdre, et que je suis libre de venir en prison quand ça vous plaît? J'y suis, j'y reste. Le concierge eut toutes les peines du monde à faire entendre raison à ce malheureux, qui s'en alla indigné de la persécution de ses chefs, qui s'opposaient à ce qu'il entrât en prison le seul jour où il était libre d'y venir.

Ces deux scènes, dont j'ai omis à dessein quelques traits passablement malins, nous avaient aidés à égayer notre déjeûner. Le concierge, qui s'aperçut que nous ne songions pas encore à quitter la table, prévint fort honnêtement Ferdinand qu'il était libre depuis deux heures.

Le jeune prisonnier ne se le fit pas répéter ; nous levâmes gaîment la séance, et nous le reconduisîmes chez son oncle. Il nous retint à dîner, et nous lui racontâmes une foule d'anecdotes que malgré moi j'ai dû passer sous silence dans cet article.

N° XXV. — 7 *mai* 1818.

CORRESPONDANCE.

Orléans, ce 13 avril 1818.

« Ne signalerez-vous pas un de ces jours, M. *le Bonhomme* (car, bien que votre nom ne soit pas un mystère pour tout le monde, il est encore un secret pour moi); ne signalerez-vous pas, dis-je, cette manie de lecture qui a filtré jusque dans les derniers rangs de la société, et qui est moins un désir de s'instruire qu'une occasion de perdre son tems ? La presse jette continuellement en circulation une foule de livres plus propres à corrompre qu'à éclairer l'esprit, et c'est ordinairement à ceux-là qu'on donne la préférence. Les cabinets de lecture, si multipliés à Paris, regorgent de cette mauvaise marchandise, qui ne cesse de trouver des acheteurs. Je ne sais, en vérité, pourquoi on ne soumet pas ces cabinets-là à une surveillance rigoureuse; le poison qu'ils débitent est bien autrement dangereux que celui qui sort de la maison de nos pharmaciens, et ces derniers du moins connaissent la nature des objets qu'ils ont vendus.

» Comme le malheur qui nous frappe passe toujours à nos yeux pour le plus grand des malheurs, vous pensez bien que je vous engage à signaler un abus dont j'ai été la victime. Cette fureur de lecture a tourné la tête à toute ma famille; et sans un vieux domestique qui m'est sincèrement attaché, mais qui ne sait pas lire, je serais réduit à quitter une maison où j'ai presque perdu le droit de me faire obéir.

» J'ai épousé ma femme par amour, il y a de cela vingt-neuf ans. Elle appartenait à une bonne famille de commerçans qui avait été long-tems à faire fortune; jolie et sage, elle fit le bonheur de ma vie; en vieillissant elle a changé. Un voyage que j'ai fait en Allemagne, dans le tems où nous rendions visite en armes à toute l'Europe, a dénaturé son caractère et détruit mon repos. Jusqu'à cette époque, ma femme ne connaissait les romans que par ouï-dire. Les *Lettres de M*^{me} *de Sévigné,* les *Œuvres de la marquise de Lambert*, formaient, avec les *Lettres Persannes*, ses lectures récréatives. Pendant mon absence, Mme Desbois fit la connaissance d'une de ces femmes de lettres qui font de la littérature de ménage ; celle-ci travaillait dans les romans ; elle faisait des événemens à cinquante écus le volume. Son premier soin fut de demander à Mme Desbois ce qu'elle pensait de ses ouvrages, et sur sa réponse qu'elle ne les avait jamais lus, elle poussa la complaisance jusqu'à les lui envoyer le lendemain.

» Enchantée de cette prévenance, ma femme dévora les chefs-d'œuvre de sa nouvelle amie. Elle donna des larmes aux malheurs des *Eulalie*, des *Clara*, des *Palmyra*, et prit goût aux événemens extraordinaires. Le romanesque devint bientôt sa passion favorite, et le moindre accident imprévu prit à ses yeux la couleur d'une aventure. Tel était son goût pour les catastrophes, qu'elle me reprocha sérieusement un jour de ne l'avoir pas enlevée avant la noce, et qu'elle m'assura que si le Ciel lui avait donné une fille, elle ne lui aurait laissé épouser qu'un homme qui l'eût aimée *extraordinairement.*

» Toujours dans les abbayes, les cavernes ou les forêts, avec des brigands heureux, des pères barbares ou des amans infortunés, ma femme descendait rarement aux détails de sa maison, et abandonnait à elles-mêmes deux nièces qui, s'autorisant de l'exemple de leur tante, se faisaient un devoir de l'imiter. Rose et Florine arrivaient à ce moment où,

De ses dix-sept ans doucement tourmentée,

une jeune fille conçoit un autre bonheur que celui de plaire à ses parens, et voudrait augmenter sa famille d'un être nouveau que son cœur devine long-tems avant que ses yeux le rencontrent. Mes deux nièces diffèrent de caractère. Rose est douce et confiante ; son ame, susceptible d'une expression profonde, ne peut s'ouvrir à des sentimens de haine ; par goût, elle a perdu son tems à lire les romans qui pétillent de vertu et nous offrent dans chaque personnage le modèle des perfections humaines. Abusée par sa bonté naturelle et par l'inexpérience de son âge, Rose prête à tous les hommes les qualités brillantes dont Mme Cotin a revêtu Maleck-Adhel, la fidélité touchante de Paul, la tendresse naïve qui sied à l'amant de Virginie. Cette erreur dangereuse, fruit des lectures de Rose, a failli lui coûter bien cher.

» Par une disposition d'esprit tout-à-fait contraire, Florine, à qui le hasard a fait tomber dans les mains *Clarisse Harlowe* et quelques autres romans que l'imagination de l'auteur a enrichis d'une foule de scènes épouvantables, a pris tous les hommes en aversion. Elle voit partout des Lovelace, des Valmont, et cette opinion déraisonnable, qu'elle n'appuie que sur des récits imaginaires, lui a fait rejeter les soins d'un homme honnête et délicat, qui aurait fait du bonheur de ma nièce la plus douce occupation de sa vie. Ce double travers aura sur l'existence de mes nièces une cruelle influence ; et je crains d'éprouver de grandes difficultés pour établir Rose, qui n'est pas à l'abri de faire un mauvais choix, et Florine, qui me menace de n'en pas faire du tout.

» Mon neveu est attaqué d'une autre manie. il se nourrit de romans moraux et critiques, et se persuade qu'à l'aide de cette lecture il parviendra à connaître le monde sans se donner la peine de le voir. Il a l'habitude de mettre les noms au bas de chaque portrait, et ne sort jamais sans un volume de *Gil-Blas* dans sa poche. Jusqu'à présent l'application de sa théorie ne lui a servi qu'à faire des sottises. La connaissance du cœur humain ne s'apprend point dans des livres; l'expérience le guérira de ce ridicule, qui n'a cependant ni les dangers, ni l'inconvénient de celui de ses sœurs.

» Je ne vous ai parlé que de ma famille; mais ordinairement les valets sont imitateurs nés, et leur penchant les porte à s'emparer bien vîte des défauts de leurs maîtres. La plupart des livres qui d'abord paraissent au salon finissent par arriver dans l'antichambre; quelquefois ils descendent plus bas. Par malheur, tous les domestiques de ma femme ont reçu de l'éducation; ils lisent couramment, et Dieu sait quelle consommation de livres il se fait à la maison; tout mon revenu s'en va en esprit. Tandis qu'assise auprès de sa cheminée, ma femme, un mouchoir à la main, s'amuse à pleurer sur les malheurs de l'*Enfant du crime;* tandis que mes nièces, grâce au secours d'un roman nouveau, se fortifient dans l'erreur qu'elles ont embrassée ; tandis que mon neveu étudie le monde dans un coin de son cabinet, la femme de chambre parcourt en cachette, dans la pièce à côté, un volume de *Mon oncle Thomas*, et la couturière tire de sa poche le dernier roman de Ducray-Duminil, qu'elle lit à la dérobée. Mon dîner se trouve souvent retardé, parce que la vieille Catherine a voulu finir le chapitre qu'elle avait commencé ; et l'autre jour j'ai versé aux portes de Paris, parce que mon cocher, qui tenait les rênes de ses chevaux d'une main et les contes de Voltaire de l'autre, s'étant involontairement abandonné à la gaîté que lui inspiraient les épigrammes du grand homme, a effrayé ses pauvres coursiers, qui n'étaient point accoutumés à la joyeuse humeur de leur conducteur.

» Joseph, qui hérite des vieux romans de ma femme, n'ose plus descendre seul à la cave, dans la crainte des revenans, et Georgette, ma filleule, dont j'ai pris soin depuis qu'elle a perdu son père, passe une partie de la journée à rêver au sort brillant qu'un hasard doit bientôt lui procurer. Depuis qu'elle a vu dans deux ou

trois histoires véritables que des enfans de grands seigneurs avaient été changés en nourrice, elle a toutes les peines du monde à se persuader qu'elle s'appellera toujours Georgette. Je la plaisante quelquefois sur ce travers, qui peut avoir pour elle des conséquences fâcheuses, en la plaçant en espérance au-dessus de sa situation réelle, elle ne manque jamais de me répondre par des exemples tirés des romans qu'elle a lus, et finit toujours par cet argument, qui m'embarrasse un peu : « Savez-vous bien, Mon-
» sieur, que du vivant de mon père beaucoup
» de personnes trouvaient que je ne lui res-
» semblais pas du tout. »

» Je ne prétends pas, Monsieur, en m'élevant à des considérations plus hautes, épuiser un sujet que je n'ai voulu que vous indiquer, et montrer au grand jour tous les dangers d'une manie qui attaque à-la-fois l'esprit et le cœur, fausse le jugement et détruit le goût ; une tâche semblable vous est réservée, etc., etc.

» J'ai l'honneur d'être, avec considération,
» Votre dévoué serviteur,
» J. P. Desbois. »

Amiens, 2 décembre 1818.

Mon cher bonhomme,

« Je suis un ancien hussard, habitué des avant-postes, qui, après avoir suspendu au clou sabre et pelisse, en attendant l'honneur d'être utile à son Roi et à son pays, se promène, fume sa pipe, observe et fait avec son vieux maréchal-des-logis Waldner des réflexions qui prennent souvent une tournure assez morale.

» Samedi dernier, après mon déjeûner, je fis ma promenade accoutumée, le tour des remparts de la ville ; c'est celle que je préfère, parce que là tout me rappelle de beaux souvenirs, la gloire du plus grand et du meilleur des rois. Je rentrais chez moi par le marché : en le traversant, j'aperçus un échafaud dressé au milieu de la place ; ces sortes de spectacles affligent mon ame. Je hâtai le pas ; mais, en me retirant, je ne pus me défendre d'un mouvement de curiosité : je jetai la vue sur ce fatal monument de la justice humaine !.... Jugez de mon douloureux étonnement ! Cet échafaud, que je ne pouvais considérer qu'avec effroi, dont le seul aspect intimidait le vieux guerrier accoutumé à braver une mort honorable sur un champ de bataille, cet échafaud était couvert d'enfans qui jouaient sur ces planches mal jointes avec autant d'insouciance et de gaîté que sur une pelouse. Quelques personnes qui étaient à mes côtés ne purent retenir un cri d'indignation. Quant à moi, ce que j'éprouvai ne peut s'exprimer. Qui peut prévoir, me disais-je en moi-même, ce que deviendront ces enfans, que la vue du plus horrible spectacle, au lieu d'effrayer, amuse et divertit ? Cette idée pénible pesait sur mon cœur.

» En rentrant, je demandai ma pipe ; c'est toujours avec elle que je me livre à mes réflexions sérieuses. Pendant que mon vieux Waldner la chargeait, c'est là son unique emploi, je me promenais à pas précipités, vivement ému de ce que je venais de voir. Je blâmais l'imprévoyance des magistrats, l'affreuse indifférence des parens ; il me semblait que ces jeunes enfans se familiarisaient avec l'avenir..... Cette pensée me fit tressaillir.... Je prends une plume, de l'encre et du papier. « Monsieur, dit mon » hussard en me présentant ma pipe, veut-il me

» permettre une observation? — Oui, mon
» cher Waldner, deux, trois, si tu veux ; parle.
» — L'étrange abus dont vous avez été témoin
» est peut-être plus général que vous ne pen-
» sez! — C'est possible. — En vous plaignant
» à nos messieurs d'ici, vos reproches seront
» perdus pour les autres villes du royaume.
» — C'est encore vrai. — Eh bien! Monsieur,
» un mot là-dessus au Bonhomme, dont vous
» lisez si exactement les feuilletons ; vous ne
» sauriez mieux vous adresser pour vous faire
» entendre dans tous les coins de la France.
» — Tu as raison, mon ancien. » En effet,
j'ai suivi l'avis de Waldner; je vous écris, mon
cher Bonhomme, afin que vous fassiez de ma
lettre l'usage que vous jugerez convenable.

» Agréez mes remercîmens pour le plaisir que
nous donne la lecture de vos feuilletons, et
recevez en outre mes affectueuses salutations.

» De Mirne,
» *Lieutenant-Colonel de hussards.* »

Paris, 21 mars 1818.

« Votre prédécesseur, Monsieur, a consacré un de ses articles à peindre l'*Intérieur d'un bureau de deuil* *, permettez que je vous raconte ma visite chez un fabricant d'épitaphes, cette relation formera en quelque sorte le complément de celle de l'*Hermite*, et vos lecteurs, qui étaient aussi les siens, auront ainsi l'histoire des détails d'un enterrement tout entier.

» Mme D....., qu'une condescendance ridicule aux désirs de son mari avait empêchée de faire vacciner la plus jeune de ses filles, vient d'être cruellement punie de cette malheureuse négligence. Elle a vu périr dans des souffrances horribles, et défigurée par les ravages de cette affreuse maladie, l'enfant dont la beauté flattait son orgueil maternel. Les qualités précieuses, les talens précoces, les vertus réelles dont était douée Eugénie D...... rendent encore sa perte plus douloureuse, et je crains que sa pauvre mère, frappée dans ce qu'elle avait de plus cher,

* Cinquième volume de *l'Hermite de la Chaussée-d'Antin.*

ne succombe aux reproches qu'elle s'adresse sans cesse d'avoir causé la mort de son enfant chéri.

» En qualité d'ami de la famille, j'ai été chargé du triste soin de présider à la cérémonie funèbre; la mauvaise santé de Mme D...... ne lui a pas permis d'accompagner sa fille à sa dernière demeure; le convoi, devenu plus touchant par la présence d'une foule de jeunes vierges suivant à pied les dépouilles mortelles de leur amie, a eu lieu ces jours derniers : il était simple comme la douleur. Mme D...... me pria de faire couvrir la tombe de sa fille d'une table de marbre, sur laquelle on inscrirait son nom, son âge et la nature de sa maladie ; je cherchai à la détourner de ce dernier projet, mais cela me fut impossible. « Cet acte d'accusation dressé contre moi, me dit-elle, deviendra un avertissement salutaire pour les parens qui seraient tentés d'avoir la faiblesse de m'imiter. La mort de ma fille sauvera peut-être la vie à de jeunes créatures qui, sans elle, auraient été victimes d'un reste d'attachement à de vieux préjugés, et les portes du tombeau qui se sont ouvertes pour mon Eugénie se fermeront sur elles. »

» Je n'osai la contrarier. Je respectai cet humble dévouement qui éternisait le souvenir de sa faute et de ses regrets. Rien n'étonne de la part d'une mère. Pour satisfaire à son désir, je m'adressai à un de mes amis qui venait de perdre et d'enterrer sa femme; il m'indiqua M. N..... comme le premier homme du monde pour ce qui concerne le goût et la variété des embellissemens de sépultures.

» En effet, M. N..... me parut être l'un des fabricans d'épitaphes les mieux fournis de la capitale; lorsque je me présentai chez lui, il était avec deux personnes qui m'avaient précédé de quelques minutes; je le jugeai ainsi à leur conversation, qui ne faisait que commencer. « Je voudrais, dit le plus âgé, une pierre tumulaire? — Pour homme ou pour femme, demanda le fabricant? — C'est pour un homme d'un certain âge. — Suivez-moi, nous dit M. N...., qui ne s'était probablement pas aperçu de mon arrivée, ou qui était bien aise de me montrer toutes ses richesses, je vais vous conduire dans le magasin des hommes; vous y trouverez ce qu'il vous faut. Nous le suivîmes, et nous nous arrêtâmes sous un vaste hangar meublé de pierres de différentes formes, elles étaient rangées en ordre et amoncelées de distance en distance. Une lettre majuscule leur servait d'étiquette. Elle suffisait à M. N*** pour lui faire reconnaître le sujet des épitaphes... « Le défunt, dit-il en s'adressant à son interlocuteur, était-il marié? — Oui, monsieur, et il laisse une veuve inconsolable. — Bon! voilà le côté des époux. — Ses enfans le regrettent beaucoup aussi. — Ah! il était père de famille!... c'est différent; les pères de famille sont plus loin... » Et alors il nous conduisit vis-à-vis une douzaine de pierres de plusieurs dimensions. Tandis que ses ouvriers les étalaient afin de mettre au jour les épitaphes dont elles étaient couvertes, je m'approchai de lui et je le félicitai sur ce classement. « Je me suis fort bien trouvé d'une pareille méthode, me répondit-il; les personnes qui me font l'honneur d'avoir recours à moi sont ordinairement pressées, elles désirent d'être servies le plus promptement possible; j'ai d'autant mieux senti l'inconvénient de les faire attendre, qu'après avoir commandé la larme à l'œil une épitaphe qu'elles prenaient souvent la peine de composer elles-mêmes, il leur arrivait quelquefois de disputer sur les prix dont elles étaient convenues d'avance. Le moindre défaut dans l'exécution servait de prétexte à des discussions pécuniaires qui tournaient presque toujours à mon désavantage ; et l'on m'a menacé plus d'une fois de laisser pour mon compte des éloges dont les héritiers contestaient la justesse. La douleur est prodigue, mais la réflexion tue la douleur. Pour éviter des désagrémens qu'il était difficile de prévoir, parce que les plus affligés à la première visite étaient souvent ceux qui disputaient avec le plus d'acharnement à la seconde, j'ai pris le parti de fabriquer des épitaphes d'avance, en ayant la sage précaution d'en faire graver pour toutes les vertus, et à l'usage de toutes les classes de la société. J'ai des *bons époux*, des *excellens pères de famille*, de tous les prix ; des *amis sincères* de toutes les grandeurs ; des *fils respectueux* en lettres noires ou en lettres d'or, selon les fortunes ; des *mères vertueuses* en pierres de taille ; des *épouses fidèles* en marbre, avec ou sans ornemens, suivant le caprice de ceux qui les pleurent. Dieu merci ! ma fabrique est bien garnie ; j'en ai pour tous les goûts, et les amateurs n'ont que l'embarras du choix. J'ai le soin de laisser du blanc pour les noms, les prénoms; et pour la commodité de ceux qui font inscrire sur leur tombe les titres et les dignités qui meurent avec eux... Il y a aussi, au bas, de la place pour les personnes qui veulent ajouter quelques vertus particulières....; cela se paie à la lettre. »

Pendant notre entretien, ces messieurs avaient fixé leur choix sur deux inscriptions semblables, l'une était sur marbre, l'autre sur pierre. M. N**** se rapprocha d'eux, il les complimenta sur la bonté de leur goût, qui les avait conduits à choisir ce qu'il avait de mieux pour le moment; le marbre dont il vanta la blancheur et la pureté coûtait 500 francs; la pierre dure et polie n'allait qu'à cinquante écus. M. N**** ajouta que le désir de contenter des pratiques nouvelles entrait pour beaucoup dans la modicité de ses prix. Les lettres, d'ailleurs, n'y étaient point comprises, et celles que ces messieurs jugeraient à propos de faire graver devaient, comme les autres, se payer à raison d'un franc.

Les envoyés étaient sans doute des parens fort éloignés du défunt, car ils se récrièrent spontanément sur la cherté de l'épitaphe. « Je ne surfais jamais, » dit M. N****, qui, ne voulant pas perdre l'occasion de vendre, et qui, s'apercevant que le prix avait effrayé ces Messieurs, cherchait à attirer leurs regards sur quelques épitaphes plus modestes. « Une table en marbre, une inscription en lettres d'or, ajouta-t-il en alongeant les lèvres et en secouant la tête, a bien son mérite; mais aux yeux de tout homme sensible elle n'ajoute rien à la douleur; une tombe en pierre fait tout autant d'honneur ; celle-ci (en la montrant du doigt), moins grande que les autres, doit vous convenir. L'inscription est modeste; *le meilleur des pères, le plus tendre des époux*, c'est tout ce qu'il faut. Les lettres sont fortes, bien proportionnées; cela se voit de loin, c'est un grand avantage; on lit l'épitaphe en passant, sans s'arrêter.

» — Je conviens avec vous des agrémens de cette tombe, répliqua le vieillard ; mais ce sont ces diables de lettres qui nous contrarient. Leur quantité, qui va s'augmenter encore des noms du défunt, doublera le prix de cette pierre. Chargés de faire religieusement exécuter les dernières volontés du défunt et de veiller aux intérêts de la veuve et des orphelins, nous voudrions pouvoir trouver un moyen d'accorder ensemble ce que nous devons de respect au mort avec l'économie que nous ont recommandée les vivans. — Il me semble, continua le plus jeune, que l'on pourrait supprimer une des deux lignes destinées à rappeler les vertus du défunt ; elles sont si longues ! ces mots : *le meilleur des pères* sont à mon avis trop exclusifs ! d'ailleurs, si l'on veut être vrai, l'amour paternel n'était peut-être pas la vertu de prédilection de Corval ; l'ignorance de ses fils prouverait au besoin le peu de soin qu'il donnait à leur éducation, et, dans ce cas, un éloge exagéré deviendrait une épigramme sanglante. — Sans doute, répliqua l'autre, aussi mon intention était-elle de proposer la suppression de ces mots : *le plus tendre des époux ;* entre nous soit dit, le défunt n'avait pas pour sa femme tous les égards possibles, témoin leur querelles journalières et leur divorce entamé en 1814 ! Il ne faut pas mentir sur la tombe !... — Eh ! que ne disiez-vous cela tout de suite, s'écria M. N***, j'ai votre affaire dans ce coin.... Voyez : *Ci-gît*, le nom est en blanc....; *bon père, bon époux*, ces éloges-là ne tirent pas à conséquence, et l'on ne saurait en mettre moins sur la tombe d'un honnête homme. »

Après avoir longuement chicané sur la dimension des lettres qui devaient servir à rappeler le nom et les titres du défunt, on convint que les premières auraient un pouce de hauteur et les autres deux. Le prix, débattu sans humeur, fut fixé à 100 francs; et comme disait fort bien M. N*** en reconduisant ces Messieurs : ce n'était pas la peine de s'en passer.

Notre fabricant rentra sur-le-champ avec un homme d'environ cinquante ans, dont l'équipage venait de s'arrêter à la porte. Je les suivis dans la salle des femmes. Il y régnait autant d'ordre et plus d'élégance. Les tombes étaient décorées avec un goût exquis. Les vertus y étaient aussi en plus grand nombre. Il n'y avait guère d'épitaphes qui n'en comportât une demi-douzaine. Partout on lisait en gros caractères : *Fidélité, candeur, prudence, sagesse, modestie.* « Ces qualités ne sont pas toujours réunies, me disait M. N***; mais leur assemblage sur une tombe ne gâte rien; on aime assez à persuader aux autres que l'objet de nos regrets mérite les pleurs qu'il nous fait répandre, et c'est l'amour-propre des vivans qui flatte les morts. »

Le nouveau venu jeta un coup-d'œil de dédain sur tout ce qui l'entourait. Aucune des épitaphes ne peignait à son gré les qualités de la femme qu'il avait perdue. M. N*** lui en montra une qu'on venait de terminer, et dans laquelle on avait épuisé toutes les formules de l'éloge. Il en fut enchanté. Ajoutez-y ces trois mots : *Par son époux inconsolable*, et faites-la transporter chez moi ce soir, afin que je l'y trouve à la sortie de l'Opéra. Je pars demain matin pour la campagne, et je serai bien aise de juger par moi-même du bon effet qu'elle fera en place... » En disant ces mots, il tira sa bourse, paya, et sortit sans s'être douté qu'un tiers l'eût entendu.

Lorsque nous fûmes seuls, j'expliquai à M. N*** le motif de ma visite... Il m'avoua qu'il n'avait rien de préparé dans ce genre. Après avoir lu la note que je lui donnai : « Eh ! Monsieur, me dit-il, ce que fait là Mme D*** est d'un bel exemple ! si l'on inscrivait ainsi sur chaque tombe la cause de la mort de celui qu'elle couvre, cette publicité inviterait à la prudence des gens qui s'en dispensent trop facilement. On craindrait de s'accuser ou d'être accusé par les autres; et, ajouta-t-il, avec ce gros rire d'un homme qui rapporte tout à lui seul, nos épitaphes seraient du moins encore un peu plus longues. »

» Veuillez agréer, etc.
» J. D. No****. »

N° XXVI. — 26 *mai* 1818.

LE BUREAU DE CHARITÉ.

> Eh! mais vraiment, c'est un travail.
> D.

« Et, sur-tout, mon cher Bonhomme, que personne n'en sache rien », dit en s'enfuyant Mme Gerbier, qui venait de me remettre une petite bourse remplie d'or, avec prière d'aller la porter moi-même au Bureau de Charité de son arrondissement.

Jeune et jolie, veuve à dix-neuf ans d'un époux qui lui avait servi de père, Mme Gerbier recherchait avec avidité tous les plaisirs de son âge : spirituelle sans afféterie, bonne sans ostentation, elle faisait à-la-fois l'agrément d'un cercle et les délices de ses amis ; elle embellissait par sa présence une partie des fêtes de la capitale : elle se montrait brillante et parée à toutes les représentations extraordinaires, recevait chez elle la meilleure société de Paris, et ne se cachait que pour faire du bien. Cette dernière manie n'est pas très-commune. « Je ne joue jamais, me disait-elle un jour, en me remettant cent écus pour un malheureux père de famille, je ne joue jamais sans intéresser les pauvres dans ma partie ; si je gagne, ce qui m'arrive assez souvent, nous partageons ; si je perds, je m'arrange de manière à ce qu'ils ne s'en aperçoivent pas trop. » La bourse que Mme Gerbier m'avait apportée provenait d'un bénéfice de la veille ; c'était la part de ses associés.

Mes visites ont cela d'agréable, qu'en me voyant on devine le motif qui me conduit : on sait, au bureau, que je suis le dépositaire de quelques charités anonymes ; aussi y suis-je toujours bien reçu. J'arrivai au milieu d'une discussion fort intéressante, à laquelle on me força de prendre part. Après avoir enregistré l'offrande de Mme G****, que je gardai bien de nommer, un des membres du bureau s'expliqua en ces termes : « Vous nous voyez dans un grand embarras ; nous avons besoin de ranimer un peu la bienfaisance de nos habitués, qui se refroidit de tems à autre, et nous ne savons comment nous y prendre. Au moment où vous êtes entré, la discussion roulait sur le choix à faire d'une quêteuse, pour dimanche prochain : c'est une fonction difficile et délicate, pour concilier ensemble les convenances sociales et les intérêts de nos cliens. — Il me semble, répondis-je, que plusieurs dames sont dignes de cet honneur par leurs vertus, leur piété, et qu'on peut au hasard.... — Détrompez-vous, reprit vivement un petit homme en perruque noire, qui me parut être le régulateur des opérations du bureau, il y a des considérations importantes à ménager. — N'avez-vous pas Mme la comtesse de Z****, dont les journaux publient la charité périodique, et qui, sans doute, pour l'exemple, imprime scrupuleusement le récit de ce qu'elle nomme ses bonnes actions ? — Nous avions pensé à cette charitable dame ; mais elle est engagée pour un arrondissement plus nombreux. — Mme de Ponard ? — On la trouve si laide. — La vertueuse marquise de Nérac ? — On la dit si vieille ! — Comment ! est-ce que la jeunesse et la beauté sont des conditions ? — Ces deux qualités ne cessent jamais d'être un avantage partout où elles se rencontrent : la charité, devenue de plus en plus difficile à émouvoir, se réveille à l'aspect d'une jolie figure, et vous ne sauriez vous faire une idée de l'influence que deux beaux yeux exercent sur la sensibilité humaine. Nous voyons cela à nos recettes; elles augmentent ou diminuent suivant l'âge, le rang, l'adresse et la beauté de notre trésorière. — En ce cas, la belle Mme Daviaud sera une Providence pour les infortunés ? — Eh! mon Dieu non; nous avons déjà eu l'occasion de l'employer, et le parti que nous en avons tiré n'a pas été avantageux; ses traits sont nobles, grâcieux, son œil est superbe; mais elle baisse constamment ses regards, ce qui donne à sa physionomie un air de sévérité qui n'intéresse personne. — Mlle Aglaé Solange ? — Elle serait parfaite, si la nature ne lui avait refusé ce qu'elle accorde souvent avec libéralité aux femmes laides; elle quête avec une insouciance, une insipidité dont les pauvres sont la dupe. C'est un travail important que le choix d'une quêteuse ! — Je commence à m'en apercevoir. »

Nos avis se partagent en faveur de deux dames qui réunissent l'esprit à la beauté ; la première, veuve depuis deux ans d'un colonel de cavalerie, tient un brillant état de maison, et, libre, elle reçoit chez elle quelques grands personnages, parmi lesquels on remarque l'ambassadeur de ****, qui manque rarement un jour de s'y présenter ; il y a dans toutes ses actions un peu de ce désir de plaire que les vieillards nomment coquetterie, sans doute parce qu'ils n'en recueillent aucun fruit ; mais dont un homme raisonnable tolère l'usage en faveur du bon emploi qu'on en peut faire. Notre jeune veuve traîne à sa suite quelques-uns de ces hommes que la mode compte au nombre de ses adorateurs. Saisis d'une louable émulation, ils lutteront peut-être de bienfaisance entre eux, afin d'être agréables à la jolie Parisienne, à laquelle d'ailleurs une morale sévère ne peut reprocher qu'une légèreté que son âge et sa position brillante rendent excusable. Sa rivale est une nouvelle mariée ; nous lui aurions accordé la préférence si elle eût été plus répandue ; mais retirée dans sa maison, tout entière à son époux, à ses occupations domestiques, ne recevant qu'un petit nombre d'amis plus recommandables par leurs talens que par leur fortune, Mme de Montal est étrangère à nos administrés, qui n'ont jamais entendu parler de ses vertus privées; tandis que l'estime dont Son Exc. honore la jeune veuve, lui a donné un certain éclat dans notre arrondissement. Flattée du choix que nous ferons d'elle, sa généreuse protection peut devenir un trésor pour notre bureau de charité.... C'est du moins ce que pensent mes collègues, dont je ne suis que l'interprète; mais dont je partage l'opinion, moins pour notre satisfaction que pour le bien des infortunés dont nous sommes les fondés de pouvoirs.

» Ces pauvres indigens nous donnent bien du mal.... Et si ce n'était que toutes mes petites places gratuites ajoutent singulièrement à la considération que m'a procurée la fortune de ma femme, je n'aurais jamais fait partie des commissaires de l'arrondissement, tant il est difficile d'accorder les intérêts de la morale avec ceux de la charité, et d'obliger les pauvres sans désobliger les riches. »

Après avoir rappelé tous les titres qu'avaient au choix du bureau la jolie veuve et la sage mariée, on décida unanimement en faveur de la première. Trois membres furent députés vers elle pour la prier d'accepter cette fonction honorable ; chemin faisant, ils se réjouissaient de cette nomination. Elle leur procurait le plaisir d'être présentés chez une femme aimable, qui, tôt ou tard, pouvait leur être très-utile ; car enfin on ne peut pas toujours penser aux pauvres ; et la charité ne défend pas de s'occuper un peu de soi-même.

En traversant la rue Basse-d'Orléans, un des députés se rappela que dans sa tournée de la veille il avait oublié de visiter une des principales maisons de la rue. Il voulut réparer sur-le-champ son oubli ; et afin d'ajouter à la gravité de sa mission, il me proposa de la partager.

Nous trouvâmes au premier étage un riche banquier, qui n'a eu qu'un malheur dans sa vie. Il nous reçut dans un salon magnifique. L'affabilité du maître et la vue d'une grande quantité de monnaie d'or et d'argent éparse sur les bureaux du caissier, nous firent concevoir les plus belles espérances. Mon compagnon de voyage exposa modestement sa demande, que le banquier écouta avec complaisance, sans l'interrompre ; mais lorsqu'il eut fini... « Je suis désolé, Messieurs, nous dit-il, après nous avoir offert de partager son déjeûner servi en vaisselle plate, et en achevant de compter tranquillement entre ses doigts un petit paquet de billets de caisse, les aumônes m'ont ruiné, aussi depuis long-tems ai-je pris le parti de ne rien donner. » Il mit dans ses refus autant de politesse que de ténacité, et ne cessa de nous répéter que son bon cœur l'avait autrefois entraîné à des sacrifices qu'il ne pouvait plus se permettre maintenant ; qu'il était le premier pauvre de sa maison, et qu'en cette qualité, il ne pouvait donner aux autres que le superflu... En a-t-on avec 50,000 francs de revenu?

Ce fut avec moins de ménagement que le locataire du second nous congédia!.... « Des indigens, s'écria-t-il avec humeur, je n'entends plus parler que de ces messieurs-là! On ne peut faire un pas sans être persécuté par leurs amis ; et, Dieu merci, tout le monde prend à tâche d'avoir l'air de s'intéresser à eux ; à dîner, à souper, on vous sert une souscription en faveur d'incendiés, de naufragés.... Hier encore j'ai accepté une place dans la loge que le comte de **** avait eu la charité de louer pour le bénéfice d'un pauvre acteur !.... L'autre jour on a fait circuler chez la baronne **** une liste de souscripteurs pour un malheureux qui s'est cassé le bras.... Je suis le seul qui n'ait pas voulu la lire.... Tous ces dons-là doivent avoir un terme, les indigens doivent être à leur aise depuis le tems qu'on demande pour eux »; et en disant ces paroles, il s'empara de la porte de la salle à manger, dans laquelle il nous avait reçus, comme pour nous inviter à une prompte retraite.

« Pourquoi donc désespérer ainsi, me dit M. B****, qui me vit disposé à lui laisser achever seul le cours de ses visites domiciliaires. Un peu de patience, l'égoïsme et l'indifférence ne logent pas à tous les étages ; les gens riches se font difficilement une idée des besoins, des privations du pauvre, et cela les rend moins empressés à le secourir. Peut-être qu'en approchant du ciel les hommes deviennent meilleurs. A l'instant même nous en fîmes l'expérience ; une jeune femme, qui nous avait fait entrer dans sa chambre à coucher, nous ramena son mari, qui, tout en parlant malheur, embarras de commerce, surcroît d'impositions, etc., tira de sa poche une pièce d'argent et la remit au commissaire, qui ne calcula pas ses remercîmens sur le peu de valeur de l'offrande. Le second locataire du même étage nous surprit plus agréablement encore ; entouré d'enfans, dont les habits n'annonçaient qu'une médiocre aisance, il se hâta de déposer son offrande dans les mains de M. B****, en s'excusant avec bonté de ne pouvoir faire davantage.

Je m'arrêtai un instant sur l'escalier : des refrains de guinguette, chantés en chœur par quelques voix mâles et discordantes, nous firent présumer que l'étage supérieur était peuplé d'ouvriers. Leur gaîté bruyante n'arrêta point mon compagnon de voyage, que je ne suivis que de loin et avec un peu de défiance : la porte s'ouvrit, il se trouva au milieu d'un atelier de cordonnier qui se turent à l'instant pour l'écouter. Dès qu'il eut fini, ils se remirent à chanter en ayant la précaution d'adoucir un peu les voix. Le chef de l'atelier ordonna au plus jeune des apprentis de se lever, pour faire place à M. B****, et tandis que celui-ci, assis sur un tabouret, me faisait signe d'avancer, l'apprenti auquel le chef avait prêté son bonnet de laine rayé, faisait le tour de l'atelier, et présentait machinalement son tronc d'une nouvelle espèce à une vingtaine d'ouvriers, qui tout en chantant et travaillant, mirent la main à la poche et remplirent de monnaie le bonnet de leur chef, qui joignit son tribut à leurs offrandes. M. B**** se retira en bénissant ces bonnes gens, qui se remirent à chanter avec plus de gaîté qu'auparavant.

Je partageai la joie du commissaire, qui additionnait les dons qu'il avait reçus ; sa figure s'épanouissait visiblement ; j'en faisais honneur à sa sensibilité ; son amour-propre me détrompa. « Grâce à cette visite-là, me dit-il en souriant, ma recette se trouve maintenant de seize francs plus forte que celle de mes collègues. Ce qui semblait indiquer que dans le bureau le zèle se mesurait au total. Du moins les pauvres gagnent quelque chose à ce motif d'émulation. »

Après m'avoir parlé des désagrémens de sa fonction gratuite, M. B**** me dit, en me quittant : « Vous ne connaissez pas encore tous les moyens que nous sommes forcés d'employer pour obtenir quelques secours : nous appelons à notre aide l'intérêt, l'ambition ; tantôt nous excitons la pitié d'un riche orgueilleux en parlant des dons offerts par son voisin ; nous arrachons un écu de la poche d'un sot en le flattant ; l'homme en place nous ouvre sa bourse au doux bruit des éloges dont nous l'avons adroitement comblé.... M. de *** me refusait avant-hier ; il me vint dans l'idée de lui apprendre que je sortais d'une maison où j'avais entendu dire qu'il était question de le nommer à une préfecture du midi.... Il se fait répéter une conversation que j'invente ; et, après m'avoir comblé de remercîmens, il me glisse deux louis, en ayant l'air honteux de la modicité de son cadeau.... Les souscriptions publiques sont aussi des piéges heureusement tendus par la charité à la vanité : les hommes n'aiment pas à faire un mystère de leurs bonnes œuvres, et j'en ai trouvé beaucoup qui se montraient disposés à donner du moment qu'on leur garantissait l'indiscrétion.

N° XXVII. — 2 *juin* 1818.

LA FÊTE-DIEU.

Ce ne sont point de pompeuses offrandes
Qui peuvent payer Dieu de ses dons immortels ;
C'est par une humble foi, c'est par un amour tendre,
Que l'homme peut prétendre
Honorer ses autels.

J. B. Rousseau.

Je dormais d'un sommeil profond. Un rêve heureux me rendait les illusions de ma jeunesse, et sur ma tête blanchie par l'âge voltigeaient les songes rians. Les anciens compagnons de mes plaisirs, épars sur le globe, se réunissaient au gré de mon imagination pour me retracer les premières scènes de ma vie. Le tableau de ces heures, si promptement écoulées, remplissait mon ame des plus doux souvenirs, lorsqu'un roulement de tambour dissipa l'enchantement. Au son de l'instrument guerrier, les ombres légères ont disparu ; mes yeux se sont péniblement ouverts, et la clarté du jour m'a rendu à-la-fois mon âge et la vérité.

J'appelai André pour lui demander la cause du bruit qui m'avait réveillé en sursaut. Il m'apprit que depuis le point du jour l'on battait le rappel dans le quartier, afin de réunir à neuf heures les militaires bourgeois commandés pour le service. « Monsieur n'a point oublié, sans doute, ajouta mon vieux domestique, que la *Fête-Dieu*, qui devait avoir lieu jeudi dernier, a été remise à aujourd'hui dimanche ; la garde nationale est invitée à faire partie du cortége. Depuis ce matin, nos voisins sont pieusement occupés des préparatifs de cette fête touchante ; j'ai déjà prêté vos caisses de fleurs pour orner l'avenue improvisée qui conduit au reposoir de notre rue, j'ai promis en votre nom les vases d'albâtre qui ornent la cheminée, et les roses, les boules de neige, les œillets, les boutons d'or qui garnissent les plates-bandes du jardin.... » Je n'osai blâmer André d'avoir, sans m'en prévenir, disposé de mon parterre ; son motif était trop louable, et d'ailleurs ce domestique a, je ne sais comment, trouvé le secret de mon caractère; quelque chose qu'il fasse, il m'oblige à lui en savoir gré.... Mes colères sont avec lui des colères perdues ; il s'y prend si adroitement que j'en suis presque toujours pour mes frais d'humeur ; heureux encore lorsqu'il ne me contraint pas en quelque sorte à convertir mes reproches en complimens.

D'après ce que m'avait dit André, je m'habillai un peu plus vîte que de coutume. J'étais curieux de voir par moi-même les préparatifs dont il m'avait parlé. La journée était magnifique ; il semblait que le ciel fût dans le secret de la fête. Je traversai plusieurs rues où je ne remarquai aucun mouvement ; je vis bien que la procession ne devait pas passer par là. Non loin de la rue Saint-Honoré, j'aperçus quelques ouvriers travaillant à la hâte à élever un reposoir ; leur zèle avait quelque chose de religieux qui me frappa. Ils parlaient peu, s'exprimaient avec décence, et recevaient, sans témoigner d'humeur, les observations de la foule oisive qui les regardait. Quatre colonnes de fleurs soutenaient un dôme de verdure ; on montait à l'autel par trois marches recouvertes d'un tapis de mousse ; les tentures qui environnaient le reposoir étaient blanches et garnies de guirlandes. Quelques vases de fleurs, quelques tableaux représentant des sujets tirés de l'Ecriture-Sainte, un Christ d'ivoire, composaient les seuls ornemens de la chapelle ; un plat d'argent était destiné à recevoir les dons de la charité ; c'était une idée heureuse que d'avoir appelé le malheur à jouir des bienfaits de la solennité du jour.

Je parcourus assez rapidement les rues environnantes. La fête était l'unique pensée de tout le monde ; peut-être ceux qu'elle occupait, ou du moins qu'elle paraissait occuper exclusivement, n'avaient-ils pas tout le recueillement nécessaire ; les uns tapissaient avec nonchalance le devant de leurs maisons, les autres, laissant percer un petit sentiment d'orgueil que réprouvait la religion, avaient pompeusement bariolé leurs fenêtres des étoffes les plus riches, et souriaient du dépit et de l'étonnement de leurs voisins.

Ces longues murailles cachées par des tapisseries de toutes couleurs attirèrent mon attention ; je vis avec peine que plusieurs n'étaient point en harmonie avec la sainteté du jour; je ne devais pas m'attendre à voir figurer au nombre des tentures destinées à marquer le passage d'une procession chrétienne, les amours de Pâris et d'Hélène, la naissance de Vénus, la mort de Patrocle. Il y avait une négligence bien grande dans l'emploi des tapisseries qui entouraient un des plus riches reposoirs de ces environs : on avait mêlé ensemble une partie de l'histoire de Télémaque au martyre des premiers chrétiens.

Huit heures venaient de sonner. L'activité des habitans de la capitale était à son comble ; celui-ci apportait gaîment les rideaux de son lit ; celui-là était courbé sous le poids d'un tapis d'Aubusson qui, quelques minutes auparavant, couvrait le parquet de son salon ; on se ferait difficilement une idée de la variété de ces tentures, tour-à-tour d'une richesse extrême ou d'une simplicité parcimonieuse, mêlant les aventures de la fable aux époques mémorables du christianisme, et reproduisant à-la-fois les traits des pères de l'Eglise et ceux de leurs persécuteurs. Sans doute qu'une piété éclairée n'avait point présidé à cet arrangement, qui blessait douloureusement mes regards.

Une surprise agréable les ranima un peu ;

j'aperçus au milieu des tapisseries et des guirlandes qui décoraient les fenêtres d'une des plus belles maisons de la rue du Coq-Saint-Honoré, trois portraits qui rappelaient des noms chers à la France : Louis XIV peint par Rigaud, Louis XV par Amédée Vanloo, et Louis XVI par de la Save, se partageaient l'admiration d'une foule sans cesse renaissante, qui contemplait avec amour l'image de ces princes, dont les noms nous rappellent tant de vertus et de malheurs.

Je m'éloignai, et j'étais déjà parvenu au commencement de la rue de ***, lorsqu'une affluence immense annonça les approches de la procession : en un instant la rue fut jonchée de feuillage et de fleurs ; la plupart de ses habitans se montrèrent aux fenêtres. Quelques-uns sans doute portaient sur leur figure l'empreinte d'un sentiment religieux, et il était facile de voir, à leur contenance modeste et recueillie, qu'ils s'unissaient d'intention à l'Eglise pour célébrer la fête du Créateur ; mais le plus grand nombre, spectateurs indifférens de cette cérémonie touchante, affectaient une gaîté au moins déplacée, et semblaient mettre cette fête auguste au rang des événemens dont ils amusaient leur frivolité.

Le cortége parut, et j'avoue que j'éprouvai quelque chose de pénible en voyant à la tête un peloton de gendarmes qui ouvrait la marche. Je voudrais qu'on employât avec économie ces sortes de troupes, qui, du reste, sont mieux et plus utilement placées partout ailleurs qu'à une procession.

Cent cinquante jeunes filles vêtues de blanc, couvertes d'un voile fixé sur le sommet de la tête par un bouquet de fleurs, symbole de l'innocence, contrastaient avec les militaires qui les avaient précédées. Leur physionomie respirait la candeur. Elles marchaient en silence, les yeux baissés vers la terre, ou levés avec timidité vers le ciel. Quelques-unes étaient accompagnées de leurs parens, qui paraissaient tenir beaucoup à la symétrie, à l'alignement, et par un mouvement quelquefois un peu brusque, faisaient rentrer dans les rangs celles qui s'en écartaient un moment. Il eût été possible de s'y prendre plus charitablement encore. Au milieu de cette première partie du cortége, l'œil apercevait un groupe de jeunes personnes portant des corbeilles de feuilles de roses, et entonnant de saints cantiques. Le timbre argentin de leur voix adoucissait l'âpreté des tambours et des fifres, qui frappaient l'air de roulemens sourds et de sons aigus.

Aux jeunes filles succédèrent de petits garçons conduits par des frères ignorantins. Plusieurs portaient à leur boutonnière une preuve honorable de leur application. Une gaîté franche animait leur visage. Trop jeunes pour apprécier la sainteté de la fête dans laquelle on leur avait ménagé une place, leur sagesse n'était qu'une habitude, leur piété apparente qu'une obéissance ; mais du moins l'une et l'autre faisaient concevoir les plus heureuses espérances.

Je ne parlerai point des musiciens, qui se dispensèrent d'exécuter des morceaux religieux, et se contentèrent seulement de ralentir la mesure de quelques marches italiennes. Je ne reprocherai point à Mme ****, maîtresse de pension, d'avoir changé les paroles de quelques cantiques sacrés, et de les avoir, pour la commodité de ses pensionnaires, adaptés à des airs d'opéra-comique ; mais je ne puis m'empêcher de blâmer la complaisance avec laquelle on a permis à quelques personnes jalouses d'assister à la procession, de revêtir les ornemens de l'église, et d'y paraître déguisées sous l'aube et la chape.

Le cortége s'arrêta devant moi ; le curé monta au reposoir qui était préparé en face, et le peuple, saisi d'un saint recueillement, s'agenouilla avec respect ; le mouvement fut unanime chez les spectateurs d'en bas. Quelques-uns de ceux qui étaient aux fenêtres se retirèrent précipitamment. J'aperçus à la lucarne d'un quatrième étage une vieille femme qui touchait à son dix-septième lustre ; elle avait orné sa petite fenêtre de deux vases de fleurs, au-dessous desquels pendait un tapis de pied ; les mains jointes, elle priait avec ferveur, et ne s'apercevait point qu'elle était à-la-fois l'objet de la vénération de quelques personnes sages, et le sujet de quelques plaisanteries échappées à de jeunes étourdis. « C'est, me dit mon voisin, une femme respectable qui a joui autrefois d'une fortune considérable qui lui a été enlevée par la dissipation de ses enfans ; elle est paralytique depuis sept ans, et ne sort de son lit que le jour de la Fête-Dieu... » Je levai les yeux, j'aperçus un vieillard qui l'aidait à se relever... « C'est, ajouta encore mon voisin, son ancien laquais, qui, touché des malheurs de sa maîtresse, n'a jamais voulu l'abandonner, et qui la fait vivre d'une petite rente que ses épargnes lui ont procurée. »

La procession reprit sa route ; des officiers de toutes armes, de riches habitans, des magistrats s'étaient fait un devoir de s'y rendre. Quelques sœurs grises suivaient à pied le Saint-Sacrement, et je fus frappé de l'intérêt que ces saintes filles inspiraient à tous ceux qui pouvaient les regarder un instant.

En revenant sur mes pas, j'examinai l'empressement avec lequel on dépouillait les murs de leur parure extraordinaire : en un clin-d'œil les draperies, les guirlandes disparurent. Je me retirais en songeant à ce que je venais de voir, lorsque je fus accosté par une petite fille qui me tendit sa soucoupe de porcelaine dorée, en me disant avec une voix qu'elle s'efforçait de rendre aigrelette : *N'oubliez pas la petite chapelle !* Son costume, sa manière de s'exprimer, annonçaient un enfant qui appartenait à des parens aisés. Je fus fâché de voir qu'elle s'amusait à mendier, en quelque sorte, la charité des passans.... J'allais, sans y penser, entamer un beau sermon à ce sujet ; mais elle ne m'en donna pas le tems : voyant que je ne me disposais qu'à parler, elle me quitta, en courant, pour aller répéter son refrain à une jeune dame qui la traita mieux que moi. Plus loin, j'entendis un petit garçon qui achevait de compter les pièces de monnaies arrachées par son importunité enfantine, s'écrier en se frottant les mains : *J'ai gagné trois francs aujourd'hui !...* Cet enfant était celui d'un commerçant qui logeait au premier étage de la maison au bas de laquelle était établie la chapelle. J'avoue que cette *pieuse industrie*, autorisée par la faiblesse des parens, devint pour moi le sujet d'une foule d'observations dont quelques-unes seront devinées par mes lecteurs.

N° XXVIII. — 30 *juin* 1818.

UNE MAISON DE SANTÉ.

> J'approchai : des chants joyeux se firent entendre, et je fus tout étonné de trouver les jeux, les ris, les plaisirs, là où je croyais rencontrer la douleur et la mort.
>
> C. N.

J'AIME ces établissemens qu'une main hospitalière a élevés à l'humanité, ces petits temples d'Epidaure où, grâce aux soins du modeste desservant, l'on recouvre lentement la santé, et dans lesquels, pour mieux s'assurer la guérison d'un malade, on prolonge avec une prévoyante adresse les jours de sa convalescence.

Ces hôpitaux de bonne compagnie, où la médecine vous accueille en payant, sont presque tous éloignés du centre de la capitale. La plupart sont dirigés par de vieux disciples d'Esculape qui ne peuvent plus courir après leurs malades. On y est traité quelquefois suivant sa maladie, plus souvent en raison de sa fortune, et la nature des médicamens varie selon le rang et la qualité du malade.

Un de mes jeunes cousins, dont la bourse est plus dérangée que la santé, s'est avisé de faire élection de domicile au faubourg P..... C'est de là qu'il m'écrivit mercredi dernier, en réclamant de moi des secours qu'il n'avait pu trouver dans la pharmacie du docteur.

Je me suis mis en route, muni du remède désiré. Je m'acheminai doucement vers la barrière du faubourg P........, non loin de laquelle est située la retraite que Victorin avait choisie. La façade de la maison avait quelque chose d'imposant. On lisait en lettres d'or de dix-huit pouces, ces mots placés au-dessus de la porte cochère, et répétés en lettres noires sur une partie des murs environnans : *Maison de santé du célèbre docteur le D****. Je sonnai. Un vieux domestique vint m'ouvrir. Il était tout en noir ; c'était probablement la livrée de la maison. Mon grand âge, ma voix faible et tremblante, lui parurent de bonne augure. Il me reçut comme un nouveau pensionnaire. Mais lorsque je lui eus confié le motif de ma visite, et prié de m'indiquer le logement de mon neveu, le rayon de bienveillance se dissipa, et il se contenta de me répondre en me quittant: « Au second, le numéro 13, l'escalier à gauche. »

Je me gardai bien de juger de la politesse du maître par la brusquerie du valet. Je montai à l'appartement de Victorin, qui se fit un peu prier pour m'ouvrir. Je le trouvai occupé à dresser son bilan, et à rédiger un plan de réforme qu'il se proposait de mettre à exécution l'année suivante. Il faut toujours savoir gré des bonnes intentions; celles de mon neveu étaient excellentes; je l'en félicitai. Pour me prouver la sincérité de sa résolution, il me remit le soir même son bilan, que je trouvai un peu plus long que le matin, et son plan de réforme, dans lequel j'aperçus quelques ratures qui m'avaient échappé à la première vue.

Après avoir réglé les affaires de ce pauvre Victorin, je me disposais à partir; mais il me pria avec tant d'instances de passer avec lui le reste de la journée, que j'y consentis volontiers. « Je veux, me dit-il, vous faire faire connaissance avec nos pensionnaires, et vous donner une idée du régime qu'on observe dans les maisons de santé. » Mon neveu fit un peu de toilette, et, me prêtant son bras, il se fit un devoir de me conduire partout.

La maison, grande et bien aérée, n'avait qu'un seul corps-de-logis, divisé en trois étages. Chacun de ces étages était composé d'une dixaine de chambres auxquelles le propriétaire donnait le nom d'appartemens. J'entrai dans quelques-unes qui, semblabes à celle de mon neveu, étaient tapissées d'un papier à bouquets, et n'avaient pour tout meuble qu'un lit en bois peint, une commode de noyer, une table, deux chaises, un fauteuil, une écritoire, deux rideaux de mousseline blanche, un porte-montre, et une glace dont la hauteur n'avait pas toujours été calculée sur celle de la pièce où elle était placée. Victorin m'apprit que le docteur avait en réserve deux véritables appartemens au premier et au rez-de-chaussée, qui étaient destinés à des malades distingués. L'un était occupé, pour le moment, par un général en retraite; l'autre par une jeune dame qui plaidait en séparation contre son mari. Tous deux se portaient à merveille.

Nous descendîmes au jardin. C'était sans contredit la plus belle pièce de la maison. Il était ombragé par une foule d'arbres à fruits, auxquels il n'était pas permis de toucher. Chemin faisant, je voulus cueillir une rose ; mon neveu m'avertit que cela était défendu. Nous allâmes nous reposer sur un banc placé auprès d'un bosquet de lilas, dont les branches se courbaient sous le poids des fleurs. Au bout de quelques instants, je vis passer une jeune femme que suivait d'assez près un cavalier dans la fraîcheur de l'âge. Victorin m'apprit que la dame était celle dont il m'avait parlé, et que le jeune homme, à-la-fois son avocat et son cousin, avait, dans l'intérêt de sa cliente, pris un logement dans la maison, afin d'être plus à portée de lui offrir ses conseils. Les deux étages qui les séparaient imposaient silence à la médisance, et mon neveu m'assura que depuis qu'il habitait chez le docteur la jolie pensionnaire l'avait édifié par sa sagesse. Je ne pus m'empêcher de plaindre son mari, qui par sa faute, sans doute, allait se priver d'une compagne dont j'entendais faire un si grand éloge.

A quatre heures, nous nous rendîmes dans

une salle où se réunissaient, avant dîner, les pensionnaires. Je fus frappé de la bonne mine de ceux que j'y rencontrai, et je ne pus m'empêcher, en faisant cette remarque, de rendre justice aux soins du docteur, qui les avait si heureusement traités. Victorin m'interrompit, en me disant qu'aucun de ces messieurs n'avait eu recours à la médecine. « L'un, me dit-il en me montrant un gros homme dont la redingote bleue était surchargée de rubans de toutes couleurs, est un officier supérieur qui passe une partie de l'été à réparer les folies de l'hiver; il vient ici mettre sa bourse au régime. Ce petit vieillard si éveillé est un ancien employé dont toute la fortune consiste en une pension viagère qu'il mange gaîment dans cette maison, et qui ne pourrait suffire à le faire vivre ailleurs. Cet autre, qui s'étudie à parler à tout le monde, et se mêle avec avidité de toutes les conversations, est un homme qui a voulu se procurer une société à bon marché; il jouit de ses avantages sans être exposé à ses désagrémens; il ne reçoit personne, et voit tout le monde. Ce monsieur qui paraît si attentif à compulser *les Petites-Affiches* est un commerçant qui a cru prudent de se retirer ici pendant que sa femme arrange ses affaires. De ces deux jeunes gens, l'un est retenu en ces lieux par le silence de ses parens, qui oublient de lui répondre, et l'autre par un sentiment... « La porte s'ouvrit, et laissa voir une veuve au-devant de laquelle s'élança le jeune homme dont mon neveu voulait achever de justifier le séjour; sa précipitation à se déplacer, la joie qu'il ne put réprimer, la même rougeur qui colora à la fois les deux figures, achevèrent la confidence.

« Mme d'Erlange, me dit Victorin, se trouve, par suite de son veuvage, forcée de soutenir un procès avec la famille de son mari. Elle n'a pas voulu rester dans le monde, où elle était environnée de toutes les séductions, et cependant elle n'a pas osé renoncer à des plaisirs que son âge lui rend encore agréables. Dans cette indécision, elle est venue se réfugier chez le docteur le D***, dont la maison de santé n'a rien de ce qui peut effaroucher une jeune femme. Libre de ses actions, elle reçoit ici de tems à autre ses parens. Ces jours-là, elle mange dans sa chambre. Sa conduite n'a rien à redouter de la critique et des interprétations de la méchanceté ; chacun, ici, a ses occupations particulières, qui ne lui permettent pas de se mêler des actions des autres.

On annonça successivement plusieurs dames auxquelles on reprocha de s'être fait attendre. Un peu de toilette leur servit d'excuse. L'une s'était habillée pour recevoir un ami de sa famille, l'autre pour aller au spectacle avec une parente qui devait la venir chercher. Celles de ces dames qui s'étaient condamnées à ne pas sortir n'avaient pas négligé le soin de leur parure ; il y avait pour ainsi dire encore plus d'art et de coquetterie dans leur mise. On les récompensa de leurs peines par des éloges unanimes. Elles reçurent tous les complimens avec la même grâce, et cependant il était facile de s'apercevoir qu'il y en avait un qui les satisfaisait davantage. Ce n'était pas toujours le mieux tourné.

On passa dans la salle à manger. J'offris la main à la jeune femme qui plaidait en séparation; elle l'accepta presque sans hésiter. J'eus un mouvement d'orgueil ; je le réprimai bien vîte, lorsqu'en me montrant la place vacante à côté de celle de son cousin, elle s'arrêta en me faisant une révérence perfide. J'allai me placer bien loin d'elle. J'avais à ma droite une vieille femme qu'on oubliait de servir, et qui ne cessait de me rappeler la politesse des jeunes gens du siècle dernier. Mon neveu, à ma gauche, s'occupait beaucoup d'une petite dame avec laquelle il me parut en commerce de politesse.

Une personne manquait au dîner : c'était le docteur, qui, la veille, avait eu un accès de fièvre. Il était le seul malade de la maison. Le jeune élève d'Hippocrate qui le représentait dans ses honorables fonctions, poussé d'un grand amour pour son art, s'empressait de prévenir tour-à-tour les convives que tels mets ne valaient rien... pour eux. Il y avait quelque vérité dans ses paroles.

Au sortir de table, on passa dans le salon de conversation ; après avoir pris le café, on se sépara. Je remarquai qu'on se dirigeait deux à deux dans le jardin ; quelques dames se retirèrent dans leur appartement. On avait annoncé un thé chez le docteur ; une dernière toilette devenait indispensable.

La promenade, la toilette et la lecture occupèrent la plus grande partie des pensionnaires jusqu'au moment où la cloche sonna l'heure de la réunion. Conduites par des cavaliers que le hasard avait tenus en réserve, les dames arrivèrent en foule chez le docteur. Il était gravement assis dans son fauteuil. Sa chambre avait éprouvé des changemens; il y avait supplément de meubles, de chaises, de quinquets, de flambeaux, de gravures ; sur une large console étaient étalées des assiettes de pâtisseries légères; la théière et les tasses garnissaient la cheminée; un pupître placé au milieu de la chambre, un piano relégué dans un des coins de l'appartement, annonçaient qu'il fallait se préparer à subir un concert d'amateurs. Je me résignai. Une jeune dame, qui n'a point encore perdu l'accent gascon, chanta une ariette italienne qui fut couverte d'applaudissemens. Un duo de trombone et de cor faillit faire jeter des hauts cris d'admiration. Le thé succéda aux instrumens. Le jeu eut aussi son tour; on recouvrit d'un tapis vert la table du dîner, et les cartes furent distribuées pour un *vingt-et-un*. L'écarté, le piquet à écrire, le boston s'établirent aux extrémités de la chambre. Le docteur jouissait de ce coup-d'œil, et savourait avec délices de petits gâteaux qu'il humectait de quelques gouttes d'un vieux bordeaux qu'il s'était ordonné.

En jetant un coup-d'œil sur les tables, je m'aperçus avec étonnement que les personnes que l'économie avait attirées dans la Maison de Santé étaient précisément celles qui jouaient le plus gros jeu. Des dames partageaient un pareil goût et tentaient la fortune par tous les moyens possibles. Je ne vis pas au nombre des joueurs l'avocat et sa jeune cliente ; mais notre veuve était placée derrière la chaise de son jeune commensal, qui de tems à autre risquait son petit écu à la bouillotte.

Onze heures sonnèrent, et le docteur congédia ses malades, qui l'engagèrent à se mieux soigner. En passant dans la salle à manger, une des dames aperçut un violon suspendu à un clou, et s'en empara. A l'instant même on proposa de terminer la soirée par un bal ; cette folle idée est accueillie par de longs éclats de rire. Le jeune avocat, qui s'était retrouvé depuis quelques minutes, s'offre à diriger l'orchestre ; les danseurs sont en place, la contredanse commence. Aux premiers accens de ce

UNE MAISON DE SANTÉ. 379

bal impromptu, quelques pensionnaires, qui s'apprêtaient à goûter les douceurs du sommeil, étonnés d'un pareil bruit, descendent précipitamment et se présentent aux regards des danseurs, en bonnet de nuit et en robe-de-chambre. Qu'on juge de l'effet de leur présence inattendue! On se précipite vers eux, on les entraîne au milieu de l'assemblée, on les force à partager le plaisir de leurs amis ; ils cèdent, et après quelques refus, quelques grimaces exigées par le costume, commandées par les circonstances, ils disputent de folies avec ceux qui avaient d'abord excité leur courroux.

Tandis que tout le monde s'amuse, moi seul j'éprouve un mal-aise que je ne peux attribuer qu'aux mouvemens de la journée. Je me retire avec un léger frisson, et je sors de la Maison de Santé pour aller me mettre au lit.

TABLE.

N° I. Préface. . . . . Page 1
II. Un Salon de la Chaussée-d'Antin. 10
III. La Poste aux Lettres 21
IV. La Journée d'un Mendiant 33
V. Un Curé de campagne 46
VI. Les Honnêtes gens. 70
VII. La Maison Saint-Lazare. 83
VIII. Une Anecdote de ce tems-ci. 96
IX. Les Deux Enfans. . . ? 110
X. Histoire d'un Honnête homme 121
XI. Une Eglise de Paris 134
XII. De la Nécessité de savoir à qui l'on parle. 145
XIII. Institution des Aveugles. 157
XIV. Une Caserne 169
XV. Le Creps. 182
XVI. Un Bal bourgeois. 194
XVII. La Messe de minuit. 205
XVIII. Le Chiffonnier. 216
XIX. Le Protecteur 238

TABLE.

xx.	Un Hôtel garni	Page 250
xxi.	Les Usuriers	264
xxii.	Le Mont-de-Piété	286
xxiii.	La Visite du Prince	297
xxiv.	L'Hôtel Bazancourt, ou la Prison bourgeoise	309
xxv.	Correspondance	323
xxvi.	Le Bureau de Charité	345
xxvii.	La Fête-Dieu	357
xxviii.	La Maison de santé	368

FIN DE LA TABLE.

Extrait du Catalogue des Livres de fonds qui se trouvent chez PILLET, *imprimeur-libraire, rue Christine*, N° 5.

L'Hermite de la Chaussée-d'Antin, ou Observations sur les mœurs et usages des Parisiens au commencement du dix-neuvième siècle; avec cette épigraphe :
Chaque âge a ses plaisirs, son esprit et ses mœurs.
BOILSAU, *Art poétique.*
Par M. de Jouy, membre de l'Académie française. Cinq forts vol. in-12, ornés de 12 charmantes gravures et de fleurons. Prix. . . . . 18—75
Le même, cinq vol. in-8°. Prix. . . . . . . 30—0
Papier vélin. . . . . 50—0
Guillaume le Franc-Parleur, ou Observations sur les mœurs et les usages parisiens au commencement du dix-neuvième siècle; faisant suite à l'Hermite de la Chaussée-d'Antin, et par le même auteur. Deux vol. in-12, ornés de quatre jolies gravures et de fleurons. Prix. . . . . 7—50
Le même, deux vol. in-8°. Prix . . . . . . 12—0
L'Hermite de la Guiane, ou Observations sur les mœurs françaises au commencement du dix-neuvième siècle; faisant suite à l'Hermite de la Chaussée-d'Antin et au Franc-Parleur, et par le même auteur. Trois vol. in-12, ornés de six jolies gravures et de fleurons. Prix . . . . , . . 11—25
Le même, trois vol. in-8°. Prix . . . . . . 18—0
L'Hermite en Province (suite de l'Hermite de la Chaussée-d'Antin, *etc.*, *etc.*, Tome Ier et onzième volume de la collection), par M. de Jouy, *etc.;* avec jolies gravures et vignettes. Prix. . . . . 3—75
Le même, un volume in-8°. Prix. . . . . 6—0
Mémoires de madame Manson, explicatifs de sa conduite dans le procès de l'assassinat de M. Fualdès; écrits par elle-même, et adressés à madame Enjalran, sa mère. Un vol. in-8°, avec portrait, vignettes et *fac simile*. Septième édition. Prix . . . . 4—0
Procès complet des prévenus de l'assassinat de

M. Fualdès; accompagné d'une notice historique sur tous les personnages qui figurent dans cette affaire, *etc.* Un vol. in-8°, orné de portraits. Prix. . . . . 4—0

Le Sténographe parisien, ou Lettres écrites de Rodez et d'Albi sur le procès des prévenus de l'assassinat de M. Fualdès; faisant le tome deuxième du *Procès complet de Rodez et d'Albi;* accompagné d'une notice, et orné de gravures. Deux volumes in-8°. Prix . . . . 8—0

Histoire de la Convention nationale de France, avec une notice sur les personnages qui ont figuré à cette époque de la révolution française. Deux volumes in-12. Prix. . . . . 4—0

Les Folies du siècle, roman philosophique; par M. de Lourdoueix. Troisième édition, ornée de 7 caricatures. Un vol. in-8°. Prix . . . . 5—0

Histoire et Procès de Mathurin Bruneau. In-8°, avec portrait. Prix . . . . 2—25

De Machiavel et de l'Influence de sa doctrine sur les opinions, les mœurs et la politique de la France pendant la révolution; par M. Mazères. Un vol. in-8°. Prix . . . . 5—0

Histoire de Christine, reine de Suède; avec un Précis historique de la Suède, depuis les anciens tems jusqu'à la mort de Gustave-Adolphe-le-Grand, père de la reine; par J. P. Catteau-Calleville, membre de l'académie royale des sciences de Stockholm, de celle des belles-lettres, histoire et antiquités de la même ville, *etc., etc.;* auteur du Tableau de la Mer Baltique, *etc.* Deux vol. in-8°, avec portrait. Prix. . . . . 10—0

Histoire de l'ambassade dans le grand-duché de Varsovie en 1812; par M. de Pradt, archevêque de Malines, alors ambassadeur à Varsovie; avec cette épigraphe:

Discite justitiam moniti, et non temnere reges.

Huitième édition, revue et corrigée. Un vol. in-8°. Prix . . . . 4—50

SOUS PRESSE, pour paraître à la fin de novembre:

L'Hermite en Province, tome II, par M. de Jouy. Un volume in-12, avec gravures et vignettes.